Norbert Kailer (Hrsg.)

Innovative Weiterbildung durch Computer Based Training

ERGEBNISSE EINER EUROPAWEITEN STUDIE

Norbert Kailer (Hrsg.)

Innovative Weiterbildung durch Computer Based Training

ERGEBNISSE EINER EUROPAWEITEN STUDIE

*Dieses Buch wurde mit Unterstützung
der Europäischen Kommission
(Berufsausbildungsprogramm LEONARDO DA VINCI)
verwirklicht.*

*Die vorliegende Studie ist das Ergebnis einer
länderübergreifenden Kooperation von:
Cambridge Training and Development Company
Confederation of Finnish Industry and Employers
Institut für Bildungsforschung der Wirtschaft
Southern Denmark Business School
Universität Bochum
Vereinigung der Österreichischen Industrie (Projektleitung)*

Die Deutsche Bibliothek – CIP-Einheitsaufnahme
Innovative Weiterbildung durch Computer Based Training : Ergebnisse einer
europaweiten Studie / Norbert Kailer (Hrsg.) - Wien : Signum-Verl., 1998
(Europa)
ISBN 3-85436-258-7

© Signum Verlag Ges.m.b.H. & Co. KG, A-1031 Wien, Lothringerstraße 14
e-mail: contact.us@signum.voei.at

Umschlaggestaltung: Kurt Lackner
Coverfotos: © Image Bank / Eric Meola, © Image Bank / Philippe Sion
Druck: Druckerei Hans Jentzsch & Co. GesmbH, Wien

ISBN 3-85436-258-7

Wien 1998

Alle Angaben in diesem Buch erfolgen trotz sorgfältiger Bearbeitung und Recherchen ohne Gewähr. Eine Haftung der Autoren, des Herausgebers und/oder des Verlages ist ausgeschlossen.

Inhaltsverzeichnis

Einleitung 7

Teil 1:
1. Europa im Zeitalter der globalen Informationsgesellschaft 9
   1.1. Europas Aufbruch in das Informationszeitalter 9
   1.2. Die Vision einer kognitiven Gesellschaft 11
   1.3. Förderung durch die EU 13
2. Ausgewählte Ergebnisse der Literaturrecherche 13
   2.1. Unterschiedliche CBT-Definitionen 13
   2.2. Interaktivität und Adaptivität 16
   2.3. CBT-Einsatz in Unternehmen:
        Ergebnisse früherer Erhebungen 19
   2.4. Anforderungen an Unternehmen und Mitarbeiter 24

Teil 2: Ergebnisse der Unternehmensbefragung
1. Zur Erhebung 26
2. Betriebliche Rahmenbedingungen für den CBT-Einsatz 28
   2.1. Einsatz von Computern am Arbeitsplatz 28
   2.2. Organisation der Personalentwicklungsarbeit/Weiterbildung
        im Unternehmen 28
   2.3. Einsatz von Computern in der Bildungsarbeit 29
   2.4. Betriebliches Weiterbildungsbudget 30
   2.5. Betriebliche Lernformen 31
3. Verbreitung von CBT in der betrieblichen Bildungsarbeit 32
   3.1. Einsatzhäufigkeit in Unternehmen 32
   3.2. Kosten- und Zeitaufwand für CBT-Weiterbildung 34
   3.3. Verantwortliche für den CBT-Einsatz 34
4. Einsatzbereiche und Inhalte 35
   4.1. Arbeitsbereiche 35
   4.2. Inhalte der Weiterbildung mit CBT-Programmen 36
5. Überprüfung von Kosten/Effizienz von CBT 37
6. Zielgruppen 39
7. Einordnung in Lernarrangements 40
   7.1. Kombination von CBT mit anderen Weiterbildungsformen 40
   7.2. Form des Einsatzes von CBT-Produkten 41
8. Nicht-Nutzer von CBT und ihre Zukunftspläne 43

9. Informationsstand über CBT und Informationsquellen 45
10. Mögliche Vor- und Nachteile von CBT aus Unternehmenssicht 46
11. Zukunftsperspektiven 51
    11.1. Geplante Investitionen 51
    11.2. Begleitmaßnahmen zur Förderung des CBT-Einsatzes 52
    11.3. Einschätzung der zukünftigen Bedeutung von CBT 53
12. Schlußfolgerungen 53
13. Anhang: Zu den antwortenden Unternehmen 55

Teil 3: Cases of Good Practice
Großbritannien:
Anglian Water 58
London Underground District Line 64
Finnland:
Kone Group 67
Nokia Telecommunications Ltd. 72
Österreich:
Schulungszentrum Fohnsdorf 76
Oberösterreichische Kraftwerke AG 81
Dänemark:
Southern Denmark Business School 86
Scandinavian Airlines System 91
Deutschland:
Berufliche Fortbildungszentren der Bayerischen
Arbeitgeberverbände e.V. – Projekt „Cornelia" 97
Deutsche Sparkassenorganisation 106

Teil 4:
Kurzfassung der Unternehmensbefragung 125
Literatur 140
Autoren 143

Einleitung

Die Studie „*Sicherung der Wettbewerbsfähigkeit des Industriestandortes Europa durch innovative betriebliche Weiterbildung: Der Einsatz von Computer Based Training*" wurde im Rahmen des europäischen Berufsbildungsprogrammes LEONARDO DA VINCI von 1995 bis 1997 durchgeführt. *Initiator, Projektträger und -koordinator* war die Industriellenvereinigung Österreichs. Die Industriellenvereinigung sieht in der Förderung der neuen Technologien im Aus- und Weiterbildungsbereich eines ihrer bildungspolitischen Hauptanliegen. Die Entwicklung und der Einsatz neuer Methoden und Medien in der inner- und überbetrieblichen Weiterbildung bietet ihrer Einschätzung nach die Chance, die Kosten der Weiterbildung zu senken und durch den Abbau zeitlicher, örtlicher und organisatorischer Restriktionen Weiterbildungskonzepte zu flexibilisieren. Gerade Computer Based Training (CBT) könnte angesichts der Veränderungen in der Arbeitswelt und der verschärften finanziellen Rahmenbedingungen zu *dem* flexiblen, kostensparenden Weiterbildungsmodell der Zukunft werden.

Trotz der vielzitierten Vorteile von neuen Lerntechnologien (z. B. Kostensenkung, Abbau zeitlich-organisatorischer Restriktionen, neue Lernwege für bislang in der Weiterbildung weniger berücksichtigte Zielgruppen, Flexibilisierung der Weiterbildung und damit Erleichterung des Zuganges) ist über deren Einsatz in der betrieblichen Praxis sowohl in Österreich als auch im internationalen Kontext wenig bekannt. Angesichts der Tatsache, daß in verschiedenen EU-Ländern für Lernsoftware bis zum Jahr 2000 ein Marktanteil von bis zu 20% am jeweiligen nationalen Weiterbildungsbudget prognostiziert wird, ist zu konstatieren, daß die Forschungsintensität mit dem Marktwachstum nicht mithält. Forschungsdefizite sind im pädagogisch-didaktischen und betriebswirtschaftlichen Bereich feststellbar. So ortet Zimmer (1992, S. 182f.) eine Skepsis der sozialwissenschaftlichen Forschung gegenüber dem Forschungsgegenstand CBT und eine kritische Distanz, die er auf eine „naive" Herangehensweise der Informatik (wie Konzentration auf Hardware, Bedienung, Zugang) zurückführt.

Vor diesem Hintergrund wurde das Forschungsprojekt konzipiert, indem auf der Basis einer Literaturanalyse eine Unternehmensbefragung durchgeführt und Cases of Good Practice mit konkreten betrieblichen Anwendungserfahrungen erarbeitet wurden. Die folgenden Ausführungen basieren in stark gekürzter Form auf dem 1997 abgeschlossenen Endbericht des Projektes.

Teil I:

1. Europa im Zeitalter der globalen Informationsgesellschaft

1.1. Europas Aufbruch in das Informationszeitalter

Europa befindet sich momentan in einer Phase des Umbruchs. Bei der Frage nach den Ursachen des stattfindenden Wandels werden Liberalisierung und Globalisierung der Wirtschaft und der damit zusammenhängende Abbau der Handelsbeschränkungen angeführt. In Verbindung damit findet eine Entwicklung statt, der die Architekten des neuen Europas gar revolutionäre Auswirkungen attestieren. Im „Bangemann-Bericht" der EU steht zu lesen: „... der Übergang zu Informations- und Kommunikationsgesellschaften hat auf der ganzen Welt eine neue industrielle Revolution eingeleitet, die in ihrer Bedeutung den Revolutionen der Vergangenheit nicht nachsteht" (Kommission 1994, S. 4).

Dieser Übergang wird von einer Reihe gesellschaftspolitischer Veränderungen begleitet, wie z. B. (vgl. Hitzges u. a. 1994, S. 61f.)

- Ende der Massenproduktion und Übergang zu diversifizierten Produktpaletten mit jeweils hoher Produkt- und Termintreue
- Aufgliederung in Stamm- und Randbelegschaft
- Ausweitung des Anteiles nicht regulärer Arbeitsverhältnisse
- Flexibilisierung der Arbeitszeiten, die die gesellschaftliche Zuordnung von Freizeit und Arbeitszeit verändert (z. B. Lernen am Arbeitsplatz)
- neue technologische Errungenschaften, die eine teilweise Entkoppelung vom Arbeitsplatz möglich machen (z. B. Telearbeit)
- Verflachung der Hierarchien durch notwendige Spezialisierung der Mitarbeiter

Beherrscht wird die Diskussion von der Formel: „Zeit und Information = Informationsgeschwindigkeit" . Vereinfacht heißt das: Überleben wird, wer die besseren und schnelleren Informationen und den kürzesten Weg zum Kunden hat. Prioritäre Zielsetzung seitens der Organe der Europäischen Union ist es folglich, bei Europas Bürgern, bei kleinen und mittleren Unternehmen, aber auch bei Telekommunikationsbetreibern und der Computer-/Unterhaltungsindustrie eine Aufbruchsstimmung zu schaffen.

Erstes Ziel ist die Umwandlung Europas in eine zukunftsorientierte Informations- und Kommunikationsgesellschaft. „Europas Weg in die Informationsgesellschaft" lautete der erste Aktionsplan der EU zur Verwirklichung der Idee „Europäische Informationsgesellschaft". An der Anzahl der im Strategiepapier tangierten EU-Politikbereiche (Telekommunikation, Forschung und Entwicklung, Innovation, Wettbewerb, wirtschaftlicher und sozialer Zusammenhalt, Bildung, Kultur, internationale Beziehungen, audiovisuelle Medien) läßt sich die Bedeutung des Themas für Europa erahnen. 1996 wurde der Aktionsplan in den Grundzügen bestätigt und aktualisiert.

Prioritäten sind in diesem Zusammenhang:

- *Verbesserung des wirtschaftlichen Umfeldes* durch liberalisierte Telekommunikationsmärkte und die vollständige Anwendung der vier Freiheiten des Vertrages (z. B. Freier Verkehr von Waren und Dienstleistungen, Niederlassungsfreiheit)

- *Investitionen in die Zukunft,* wie z. B. Förderung von „lebensbegleitenden Lernmodellen" unter Berücksichtigung der Tatsache, daß die Informationsgesellschaft im Klassenzimmer beginnt

- *Der Mensch im Mittelpunkt:* Diese Aktionsschiene setzt beim „Leben und Arbeiten in der Informationsgesellschaft" und dessen Auswirkungen auf das Leben jedes einzelnen Bürgers an. Vorgesehen sind vor allem Maßnahmen zum Schutz der Verbraucherinteressen, zur Verbesserung des öffentlichen Dienstleistungsangebotes oder spezielle Aktionen zur Bewahrung der kulturellen Vielfalt in Europa

- *Bewältigung der globalen Herausforderungen:* In diesem Zusammenhang fordert die EU-Kommission vor allem eine Stärkung ihrer Befugnisse bei den multilateralen Verhandlungen über Basistelekommunikationsdienste mit der WHO; Ziel ist die Etablierung globaler Regeln etwa in den Bereichen Marktzugang, geistige Eigentumsrechte, Informationssicherheit, Steuerfragen, Frequenzen, Interoperabilität und Normen.

Von Initiativen und Investitionen in den angeführten Bereichen erhofft sich Brüssel eine weitere Beschleunigung der Marktentwicklung bei den neuen Informations- und Kommunikations-Technologien (IKT) in Europa. Dabei wird auf die Kräfte des Privatsektors und des Marktes gesetzt (siehe Kommission 1996 a, b, c, d).

1.2. Die Vision einer kognitiven Gesellschaft

„...Die Gesellschaft der Zukunft wird eine kognitive Gesellschaft sein", so lautet einer der Kernsätze des 1995 erschienenen EU-Weißbuches zur allgemeinen und beruflichen Bildung „Lehren und Lernen: Auf dem Weg zur kognitiven Gesellschaft".

Kognitive Gesellschaft heißt: Die gesellschaftliche und wirtschaftliche Stellung des einzelnen wird auch künftighin von der Beherrschung von Grund- und Fachkenntnissen abhängen. Immer wichtiger für ein Reüssieren am Arbeitsmarkt werden aber Schlüsselqualifikationen wie soziale Kompetenzen, Bereitschaft zum Lernen oder etwa Aufgeschlossenheit gegenüber innovativen Techniken sein.

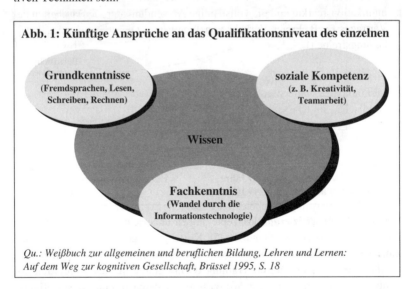

Abb. 1: Künftige Ansprüche an das Qualifikationsniveau des einzelnen

Grundkenntnisse
(Fremdsprachen, Lesen, Schreiben, Rechnen)

soziale Kompetenz
(z. B. Kreativität, Teamarbeit)

Wissen

Fachkenntnis
(Wandel durch die Informationstechnologie)

Qu.: Weißbuch zur allgemeinen und beruflichen Bildung, Lehren und Lernen: Auf dem Weg zur kognitiven Gesellschaft, Brüssel 1995, S. 18

Ausgelöst werden veränderte Qualifikationsanforderungen unter anderem durch die IKT-Revolution. Der neuartige Umgang mit bzw. die neuartige Bearbeitung von Informationen beeinflussen sowohl die Tätigkeitsinhalte selbst wie auch die Qualifikationsstrukturen und die Unternehmensorganisationen (Picot u. a. 1996). Statische Qualifikationen und inflexible Managementmodelle werden angesichts der geringen Halbwertszeit des Wissens (siehe Abb. 2) den Zeichen der Zeit nicht mehr gerecht. Aus den Erfahrungen der Vergangenheit kann die Lehre gezogen werden, daß die gelungene Einführung der IKT auf Unternehmensebene einen „integrierten Ansatz" voraussetzt. Das bedeutet, daß die Einführung der IKT auf Mitarbeiterebene von Maßnahmen der beruflichen Bildung sowie von organisatorischen Veränderungen begleitet sein muß. So wird z. B. davon ausgegangen, daß Arbeitnehmer im Laufe ihres 40-50 jährigen Berufslebens sich mindestens zweimal den Stoffumfang der beruflichen Erstausbildung aneignen müssen (Hitzges u. a. 1994, S. 59).

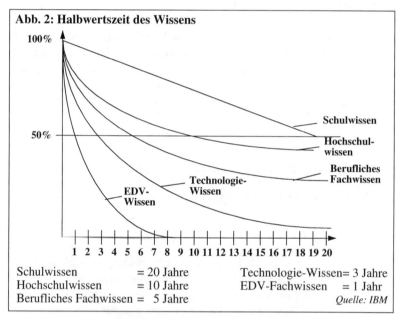

Abb. 2: Halbwertszeit des Wissens

Schulwissen	= 20 Jahre	Technologie-Wissen	= 3 Jahre
Hochschulwissen	= 10 Jahre	EDV-Fachwissen	= 1 Jahr
Berufliches Fachwissen	= 5 Jahre		Quelle: IBM

Traditionelle Qualifizierungskonzepte stoßen angesichts dieser Herausforderungen an ihre Grenzen (Staudt 1995). Kostengünstigere, vor allem aber flexiblere Bildungsmodelle sind gefragt. Neue Bildungstechnologien wie Multimedia oder Computer Based Training (CBT) gelten in dieser Situation als Zauberworte zur Senkung der Weiterbildungskosten in einer angegriffenen Wirtschaftslage und werden bereits an der Schwelle zur Breitentechnologie gehandelt. Vorteile werden in einer Kostenreduktion durch dezentrale Schulungsorganisation, in der Verringerung von Trainingszeiten, in der Verringerung von Reisekosten sowie in der Möglichkeit des individualisierten, arbeitsplatznahen Lernens gesehen (Hitzges u. a. 1994).

1.3. Förderung durch die EU

Auch die Organe der europäischen Union setzen vor allem auf die Entwicklung von CBT/ Multimedia Software. Sie erhoffen sich „... neue Möglichkeiten, um einem wachsenden Teil der Bevölkerung den Zugang zu einem guten Niveau der Allgemeinbildung sowie zu einer soliden beruflichen Bildung zu sichern und um die Erneuerung der Kenntnisse und der Fähigkeiten im Zusammenhang mit einer zunehmenden Spezialisierung und Komplexität zu gewährleisten" (Entwurf 1996, S. 4f.).

Neben der Einsetzung einer Task Force „Multimedia Educational Software" gibt es eine Reihe von speziellen Programmen, durch die die Entwicklung von Multimedia-Bildungssoftware förderbar ist. Neben den Bildungsprogrammen LEONARDO und SOKRATES ist in diesem Zusammenhang v.a. auf das vierte FTE-Rahmenprogramm, auf den Europäischen Sozial- und den Europäischen Regionalfonds hinzuweisen (Abb. 3).

2. Ausgewählte Ergebnisse der Literaturrecherche

2.1. Unterschiedliche CBT-Definitionen

Computerunterstütztes Lernen kann dem Begriff „Bildungstechnologie" zugeordnet werden. Im Mittelpunkt der Wissensvermittlung steht dabei als *apersonaler Trainer der Computer*. Je nach Software, Programmgeneration, Zielgruppe, Lernort usw. werden die Lerner zusätzlich durch einen realen Trainer/Ausbildner unterstützt. Ähnlich wie bei Multimedia gilt auch für die Definition von Computer Based Training: 1.000 Erklärungen und jeder versteht – je nach Themenzugang – etwas anderes darunter.

In der Unternehmenspraxis bürgerte sich der Begriff *Computer Based Training ein*, wobei hauptsächlich an den Computereinsatz im Rahmen der betrieblichen und berufsbegleitenden Weiterbildung gedacht wird (Bodendorf 1990, S.37).

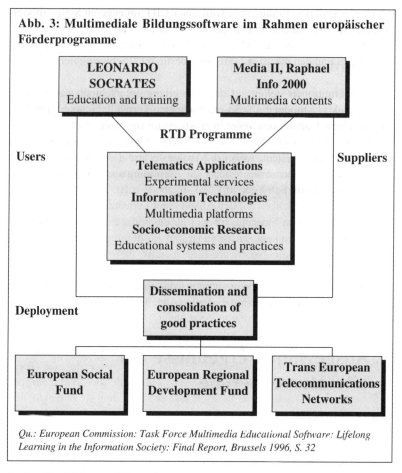

Abb. 3: Multimediale Bildungssoftware im Rahmen europäischer Förderprogramme

Qu.: European Commission: Task Force Multimedia Educational Software: Lifelong Learning in the Information Society: Final Report, Brussels 1996, S. 32

Andere Definitionen differenzieren zwischen Software-Generationen: „Inhaltlich läßt sich unter CBT – wie auch unter den anderen, weitgehend gleichbedeutenden Abkürzungen CAI (Computer Aided Instruction), CAL (Computer Aided Learning), CBL (Computer Based Learning), CBI (Computer Based Instruction), CMI (Computer Managed Instruction) oder CML (Computer Managed Learning) – vieles subsumieren. Man muß unterscheiden zwischen simplen, auf einfachen Abfragesystemen beruhenden Drillübungen [...] und wirklich dialogfähigen, sich selbst erklärenden, dem Schüler individuelle Hilfestellung bietenden Programmen der neueren Generation" (Pötke u. a. 1990, S.86ff.).

In ablauforientierten Erklärungen wird unter CBT im engeren Sinn „tutorieller Unterricht verstanden, in dem der Computer als Tutor eingesetzt wird, der Informationen präsentiert, Aufgaben stellt, dem Lerner Rückmeldungen zur Lösung gibt und den nächsten Lernschritt bestimmt" (Schweighofer 1992).

Andere Definitionen stellen auf die Darstellung unterschiedlicher System-User-Interaktionsmodelle ab. So unterscheiden Glowulla/Schoop (1992, S. 4ff.) drei Grundparadigmen in der Interaktion von Benutzer und System:
- „klassisches" CBT als älteste und verbreitetste Form von Lernsystemen: ein aktives Trainingssystem, wobei die Dialogsteuerung durch den Lehrer erfolgt, der im Rahmen eines festen Lehr-Algorithmus schon vorab alle Entscheidungen bezüglich Lehrstoff und -methode trifft, während die Nutzer keine Einflußmöglichkeit auf den Ablauf einer Lernsitzung besitzen
- Intelligente Tutoren-Systeme, für welche der Einsatz „künstlicher Intelligenz"-Mechanismen kennzeichnend ist
- Hypertext

Alle Definitionen überschneiden sich hinsichtlich des Einsatzes des Computers als apersonalem Trainer, wobei der Interaktionsgrad als wichtiges Kriterium von der Generation der Programme abhängt.

In Zusammenhang mit CBT bedeutet Multimedia im technischen Sinne die *Integration von visuellen* (Graphik, Bilder) *und akustischen Elementen* (Töne, Sprache, Musik) in die CBT-Anwendungen. Dabei gilt aber, daß nicht jede Multimedia-Präsentation schon Lernsoftware ist, dazu muß sie interaktiv und adaptiv sein.

Unter Computer Based Training werden im Rahmen dieser Studie „*computergestützte interaktive Lernprogramme im Zuge der betrieblichen Bildungsarbeit*" verstanden, wobei die Interaktivität ein wesentliches Kriterium darstellt. Interaktivität in diesem Sinne bedeutet, daß der Benutzer aktiv Programmabläufe beeinflussen und individuell gestalten kann, wobei die Interaktivität vom einfachen Feedback über wechselseitige Fragen und Antworten bis hin zu Simulationshandlungen reichen kann. Da in der Unternehmenspraxis oft nicht genau zwischen den Begriffen CBT und Multimedia differenziert bzw. Multimedia quasi als Weiterentwicklung von CBT angesehen wird, wird auch im Rahmen der Unternehmensbefragung keine echte Differenzierung zwischen CBT und Multimedia vorgenommen. Somit gilt, daß CBT-Lehr- und Lernsoftware auch multimediale Elemente enthalten kann. Diese eher reduzierte CBT-Interpretation wurde gewählt, um bei den befragten Unternehmen in den fünf europäischen Ländern Begriffsunklarheiten zu vermeiden und hat somit eine rein praktische Ursache.

2.2. Interaktivität und Adaptivität

Vorraussetzung für die Realisierung neuer Lernmodelle ist eine pädagogisch und technisch anspruchsvolle CBT-Software. Schlagworte sind in diesem Zusammenhang *Flexibilität, Adaptivität* und vor allem die *Interaktionsfähigkeit* eines Systems. Je höher entwickelt eine Lernsoftware ist, umso mehr werden dem Benützer flexible Steuermöglichkeiten eingeräumt, die dieser an seinen jeweiligen Kenntnisstand und die Lernfähigkeit anpassen kann. Im Idealfall kann mit sogenannten „intelligenten Systemen" ein echter Dialog zwischen Mensch und Maschine geführt werden.

Kennzeichen von *Interaktivität* sind:

- Eingriffsmöglichkeiten in den Ablauf des Programmes,
- Auswahlmöglichkeiten der Inhalte und die Bestimmung der eigenen Lernwege
- Auswahl und Steuerung der Präsentationsformen der Inhalte
- Dialog zwischen Mensch und Computer auf der Basis der Datenein- und -ausgabe
- Manipulation und Modellierung der multimedialen Datenbasis

In der Praxis bedeutet das, daß Interaktivität ein ganzes Spektrum an Möglichkeiten umfaßt, Ablauf oder Inhalt von Informationen zu beeinflussen – die Möglichkeiten reichen von einfacher Rückmeldung bis zu Simulationen, Rollenspielen oder virtueller Realität (Issing/Strzebkowski 1995, S. 301f).

Ist Interaktivität schon schwierig zu realisieren, befindet sich *Adaptivität* noch im Experimentierstadium. Bei Formen der „intelligenten Adaptivität" verfügt das System über eine Art pädagogisches Einfühlungsvermögen: Das bedeutet eine laufende Diagnose der Stärken und Schwächen des Benutzers und eine Auswahl der Lerneinheiten und Lernschritte auf der Basis dieser Analyse. Einfachere, in Ansätzen realisierte Formen der Adaptivität werden vorgefunden, wenn schon in der Softwareentwicklung festgelegt wird, welcher nächste Lernschritt z. B. bei Lösung oder Nichtlösung einer Testfrage aufgerufen wird. Bei der einfachsten Form der Adaptivität nimmt der Nutzer eine

Selbsteinschätzung der Fähigkeiten und Interessen vor und entscheidet, was er als nächstes tun wird.

Für den Großteil der aktuell entwickelten multimedialen interaktiven Lernsysteme zieht Zimmer (1992) allerdings folgenden Schluß: „Sie sind überwiegend geschlossene, sequenzielle Lehrmodule mit einfachsten Lernerfolgskontrollen und trivialen Feedbacks, sind weder adaptierbar für verschiedene Lerngruppen noch besitzen sie gar Adaptivität, vermitteln überwiegend allgemeines Fachwissen in oft ziemlich reduzierter Form und ohne direkten Aufgabenbezug, nutzen Animationen meist nur gegen Motivationsverlust und nur selten für die Wissenspräsentation, die Interaktivität ist oft auf Verzweigungen sowie einfache Frage-Antwort-Spiele reduziert, Simulationen werden meist isoliert und nur höchst selten in Lernprogrammen verwendet" und weiter „große Teile des in Lernprogrammen aufbereiteten Wissens können ebenso gut in Buchform oder auf Arbeitsblättern vermittelt werden."

Abb. 4 stellt verschiedene Lernsoftwaretypen dar, die sich im besonderen auf Grund ihres Interaktivitätsgrades unterscheiden. Die meisten von ihnen, wie z. B. Intelligente Tutoriale Systeme und Hypertext, repräsentieren allerdings auf Grund ihrer Komplexität Modelle der Zukunft.

Auch heute noch gelten *Tutorielle Programme,* die systematisch Informationen darbieten, Aufgaben stellen, Antworten analysieren und rückmelden als Inbegriff des computerunterstützten Unterrichtes (Twardy/Wilbers 1996, S. 180f). Sie dienen üblicherweise der systematischen und auf kleinen Schritten basierenden Aneignung von Wissen mit systematischem Feedback durch den Computer als imaginären Trainer. Er allein (und nicht der Lernende) bestimmt dabei den nächsten Lernschritt. In der Literatur wird folglich zwischen computergesteuertem und lernergesteuertem Lernen differenziert, wobei unter letzterem die aktive Mitgestaltung und Steuerung von seiten des Lernenden verstanden wird. Anders ausgedrückt differenziert man auch zwischen „nicht intelligenten" Systemen und „intelligenten" tutoriellen Systemen (ITS).
Drill and Practice-Software wird vor allem als Vokal- und Rechentrainer eingesetzt und basieren auf Item-Datenbanken mit verknüpften Feedbacks. (Twardy/Wilbers 1996, S. 181).
Intelligente Tutorielle Systeme gewährleisten dagegen einen wesentlich höheren Interaktivitätsgrad, eine höhere Flexibilität und Adaptivität an die Lernschritte des Anwenders und stellen somit eine Weiterentwicklung der tutoriellen Lernprogramme dar. ITS bedeutet – bedingt durch den Einbau von Ele-

Abb. 4: Software in Lehr- und Lernsituationen		
	(1) Tutorielle Software (2) Computer Managed Instruction (4) Computerspiel	
Lernsoftware im engeren Sinn	(5) Simulationen	Experimentiersatz (Arbeits)Softwaresimulationen Verhaltenssimulationen Planspiel Modellbildung Mikrowelt Cyberspace/Virtuelle Realität
	(6) Informationssysteme	Hilfesystem Expertensystem Datenbank Hypertext/Hypermedia
	(7) Branchensoftware	branchenspezifische Software branchenübergreifende Software
Arbeitssoftware in Lehr-/Lern-situationen	(8) Standardanwendungssoftware	Textverarbeitungssoftware Datenbanksoftware Tabellenkalkulationssoftware Grafiksoftware integriertes Programm
	Systemnahe Software in Lehr-/Lernsituation	Programmiersprache Telekommunikationssoftware Betriebssystem
Qu.: Twardy/Wilbers, 1996, S. 180		

menten der Künstlichen Intelligenz und basierend auf Forschungsergebnissen der Linguistik – wahre Dialogfähigkeit zwischen Mensch und Maschine.

Simulationsprogramme versuchen die Umwelt möglichst real abzubilden und dienen durch exploratives Lernen dem Experimentierersatz (z. B. Flugzeug-Cockpit). Arbeitssoftwaresimulationen verfolgen dabei das Ziel, informationstechnologische Systeme einzuüben, Verhaltenssimulationen dienen der Vorbereitung und Reflexion sozial-kommunikativen Handelns (Euler 1992, S. 26). Elemente von Simulationsprogrammen finden sich auch in Plan- und Lernspielen.

Cyberspace ist die mathematisch/datenmäßig gespeicherte (virtuelle) Darstellung eines Raumes in einem Computer. Werden die grafischen Raumdarstellungen z. B. über in einem Helm oder in einer Brille angeordnete Kleinmonitore einem Beobachter vorgespielt, glaubt der Beobachter, sich in diesem „virtuellen" Raum zu befinden. Der visuelle und akustische Raumeindruck entsteht durch Simulation (Berechnung) von stereografischen Licht- und Schatteneffekten und stereophonen Schalleffekten. Wird dem Computer über Sensoren (z. B. in Handschuhen oder Anzug, Schuhen) die Bewegung des Beobachters mitgeteilt, kann dem Beobachter eine Bewegung im Raum suggeriert werden. Erweiterte Systeme übertragen auch Bewegungseffekte auf den Beobachter (z. B. Flugsimulatoren zur Pilotenausbildung), so daß der Beobachter neben visuellen und akustischen Eindrücken auch Beschleunigungen und Stöße entsprechend den Ereignissen im virtuellen Raum empfindet. In Hinblick auf die Verwendung in Lehr- und Lernsituationen erfahren Cyberspace/Virtuelle Realität sehr euphorische Interpretationen, da Lernen auf der Basis von direkten, „realen" Erfahrungen möglich wird.

Unter Hypertext wird eine nicht lineare Repräsentation von Texten verstanden, die es dem Benutzer erlauben, auf Grund von Querverweisen zwischen miteinander im Zusammenhang stehenden Informationen zu vertiefendem Wissen zu gelangen. Die Art der Repräsentation der Informationen ist über ein Netzwerk von Informationsknoten aufgebaut (Issing/Strzebowski 1995, S. 303).

2.3. CBT-Einsatz in Unternehmen: Ergebnisse früherer Erhebungen

Zum Einsatz von CBT in Unternehmen liegt eine Reihe von Studien vor, deren Befunde wichtige Hinweise für die Gestaltung der schriftlichen Unternehmensbefragung lieferten. Im folgenden sind einige wichtige Ergebnisse dargestellt.

CBT ist in Unternehmen noch eher gering verbreitet, wobei die Einsatzhäufigkeit mit der Unternehmensgröße steigt. Bei einer Befragung österreichischer Unternehmen gaben 12% der Großbetriebe (über 1.000 Mitarbeitern) und 5% der Klein- und Mittelbetriebe (bis 500 Mitarbeiter) an, unter anderem auch CBT in ihrer betrieblichen Weiterbildung einzusetzen (Kailer 1995, S. 348). Nach der Erhebung von Weiß (1994 S. 46) nutzen knapp 18% der deutschen Unternehmen regelmäßig CBT im Rahmen ihrer Bildungsarbeit. Eine aktuelle Erhebung des Einsatzes neuer Lerntechnologien in Unternehmen zeigt, daß in Deutschland und Österreich etwa jedes fünfte Großunternehmen

CBT nutzt, weitere 14% planen einen Einstieg in den nächsten zwei Jahren (Petrovic u. a. 1997).

Der Einsatz erfolgt vor allem bei Banken, Versicherungen, sowie den Hard- und Softwareherstellern selbst (Elektro/Elektronikunternehmen), weiters die KFZ-Branche, Chemieunternehmen und Maschinenbauunternehmen.

Als wichtige CBT-Weiterbildungsthemen werden – je nach Studie – EDV, Verkauf/Vertrieb/Marketing/Produktschulung, betriebswirtschaftliche Themen, Sprachen und Technik an vorderer Stelle angeführt (Thum 1995, S. 12).

Schwerpunktmäßig wird dabei der Computer selbst zum Lerngegenstand bzw. CBT wird für Ausbildung in technischen Bereichen eingesetzt. Inhaltlich bedeutet dies, daß CBT überwiegend für die Vermittlung von theoretischem Wissen, für Drill & Practice-Übungen und für Sachverhalte, die keinem schnellen Wandel unterworfen sind, verwendet wird (Stahmer 1993² S. 46). Kognitive Lernziele werden von den Unternehmen in den Vordergrund gerückt (Kramer u. a. 1992, S. 108; Hitzges u. a. 1994, S. 49f.).

Überwiegend herrscht in der Literatur die Ansicht vor, daß der Großteil der auf dem Markt befindlichen CBT-Programme zur Vermittlung kognitiver Lernziele und weniger zum Erwerb affektiver Lernziele (z. B. Verhaltensänderung) geeignet ist. Ob CBT-Lernsoftware für das Training von Verhaltensänderungen eingesetzt werden kann, ist eher Gegenstand von Diskussionen. Grundlegende Informationen und Anregungen in diesem Bereich können nach Meinung aller Experten auf alle Fälle vermittelt werden. Konkretes Handlungstraining kann allerdings – wenn überhaupt – nur innerhalb der Software der neuesten Generation reproduziert werden. Psychomotorische Lernziele können nur im Rahmen hochentwickelter Programme trainiert werden (z. B. Flugzeugbedienung via Simulatoren).

Auch die Anforderungen an Trainer verändern sich durch den Einsatz moderner Bildungstechnologien massiv hin zum Einsatz als Moderator, Lernberater, Lehrgangsentwickler oder Autor von Lernmaterialien (Zimmer 1992, S. 20; Arnold 1995).

CBT erscheint im Prinzip für alle Zielgruppen geeignet. Zu den Adressaten der CBT-Schulungen gehören Angehörige fast aller Mitarbeiterebenen: Führungsmannschaft, Vertriebspersonal, technische Abteilung, Facharbeiter,

Verwaltung und die Bildungsfachleute selbst. Bei der Programmauswahl sind jedoch auf Seiten des Nutzers situative Vorbedingungen (Vertrautheit mit PC/Lerninhalt), affektive Vorbedingungen (Akzeptanz des Mediums, Interesse), sowie kognitive Vorbedingungen (vertraut mit selbständigem Lernen, bevorzugte Wahrnehmungsform) zu berücksichtigen. Im Prinzip gilt: Je höher der Schulabschluß, um so weniger Wert sollte auf eine übertriebene Didaktisierung und umso mehr auf den Grad der Selbststeuerung des Programmes geachtet werden (Schneider 1992, S. 96f). Am häufigsten eingesetzt wird CBT für technische Angestellte und Führungskräfte. Jedoch wird in der Literatur auf die großen Erfolge von CBT bei der Schulung sogenannter Arbeitsmarktrandgruppen wie An- und Ungelernte oder älterer Arbeitnehmer hingewiesen. Dies wird vor allem auf streßfreies, der eigenen Lerngeschwindigkeit angepaßtes Lernen zurückgeführt. Zudem dürfte sich das Medium selbst positiv auf die Motivation auswirken, wobei auf die Notwendigkeit des Einsatzes von Tutoren/Beratern hingewiesen wird (Stahmer 1992, Zimmer 1992).

Die Ansichten hinsichtlich der Wirtschaftlichkeit beim Einsatz von Multimedia/CBT differieren stark. Als Break-Even-Points werden Mitarbeiterzahlen von 100 bis 500 genannt (Hitzges u. a. 1995, S. 31f.). Der direkte Vergleich zwischen CBT-Entwicklungs- und Anwendungskosten mit den Kosten für konventionelle Seminare ist überaus komplex. Uneinig ist man sich bei der Kalkulation der Länge des Berechnungszeitraumes und der Art der zu vergleichenden Kosten. Die meisten Autoren votieren dafür, zusätzlich zu den Kosten auch die Lernresultate bei Vergleichen zu berücksichtigen.

Als CBT-Lernumgebungen lassen sich der CBT-Einsatz am Arbeitsplatz, in einer Lernzone im Arbeitsbereich, in Selbstlernzentren sowie zu Hause unterscheiden (Schneider 1992). *CBT-Einsatz am Arbeitsplatz* bietet auf den ersten Blick die größten Vorteile. Bei genauer Betrachtung ist eine Realisierung nur bei Ausblendung der laufenden Störeffekte durch das „Alltagsgeschäft" erreichbar. Dasselbe gilt für das Lernen mit CBT in einer *Lernzone im Arbeitsbereich*. Lernzonen sind bestimmte Bereiche innerhalb eines Unternehmens, die in Zeiten schwacher Beschäftigung zum Lernen benützt werden können. Lernen in Lernzonen eignet sich vor allem für die Vermittlung kurzer Lernsequenzen und gilt als besonders effizient, wenn das erworbene Wissen unmittelbar am Arbeitsplatz eingesetzt werden kann. *Lernzentren* werden vorwiegend in Großunternehmen und bei großen Bildungsanbietern (Petermandl 1994) mit dem Ziel eingerichtet, selbstständiges, individuell angepaßtes Lernen auf der Basis computergestützter Lernprogramme und in Kombination mit Lernberatung zu ermöglichen. Abseits des Arbeitsplatzes soll in Verknüpfung mit vor- oder nachgelagerten Einführungs- und/oder Vertiefungsseminaren individuelles Lernen in zielorientierte Lernarrangements sinnvoll eingebunden werden. Vorteile der Selbstlernzentren liegen im Fernhalten von Lernstörungen, in der Möglichkeit der Bearbeitung längerer und intensiverer Lernsequenzen, in der besseren Auslastung der Lernsoftware sowie in der Anwesenheit von Betreuern. Hauptprobleme liegen in der mangelnden Qualität von zugekauften Standardprogrammen, ungünstigen Standorten des Zentrums sowie ungenügender persönlicher Betreuung (Schneider 1992, S. 89; Kliche 1994).

Als praxisbewährte Lernarrangements werden vorwiegend der Einsatz von CBT zur Vor- oder Nachbereitung von Trainingsmaßnahmen, als ergänzend/optional dazu angebotene Lernvariante, sowie als Ersatz für Präsenzveranstaltungen angesehen.

Motivation und Lernerfolg sind nach Schätzungen von Unternehmen bei selbstentwickelter Lernsoftware erheblich höher als bei Standardprogrammen, da diese individuell auf Unternehmen und Arbeitsplatzbedarf zugeschnittene Themen aufbereitet. Aufgrund des erforderlichen zeitlichen und finanziellen Aufwandes werden Programmentwicklungen allerdings meist nur von Großunternehmen durchgeführt.

Als wichtige Vorteile des CBT-Einsatzes werden der motivierende Aspekt (bei entsprechender Zielgruppe und Qualität des Lernprogrammes) gesehen, wobei die Bedeutung tutorieller Unterstützung und eines ausgewogenen Methoden-Mixes betont wird (z. B. Salomon u. a. 1996, S. 54). Auch der mögliche Lernerfolg wird positiv eingeschätzt, wobei allerdings eine deutliche Unsicherheit in der Einschätzung aufgrund fehlender konkreter Evaluierung des CBT-Einsatzes festzustellen ist. Hervorgehoben wird auch die Möglichkeit individuellen Lernens und des flexiblen Einsatzes (Thum 1995, S. 8, Lipsmeier 1993, S. 181). Darüberhinaus werden auch quantifizierbare Aspekte (z. B. Reduktion der Reisekosten, Reduktion von Trainings- und Arbeitsausfallzeiten) angeführt.

Tendenziell werden in der Literatur weniger Nachteile angeführt. Probleme werden im psychosozialen Bereich (z. B. Vereinsamung der Lernenden, notwendige hohe Ausgangsmotivation der Lernenden), im methodisch-didaktischen Bereich (geringe Interaktivität, Störungen beim Lernen am Arbeitsplatz), in infrastrukturellen Problemen (fehlende Breitbandnetze und Hardware), sowie im finanziellen Bereich (hohe Entwicklungs- und Aktualisierungskosten) gesehen. Auch Akzeptanzprobleme im Unternehmen, die Intransparenz des CBT-Angebotes und das Fehlen geeigneter Qualitätskriterien werden als Problemfelder genannt.

In den Abb. 5 und 6 werden die in der Literatur genannten Vor- und Nachteile von CBT nochmals zusammengefaßt:

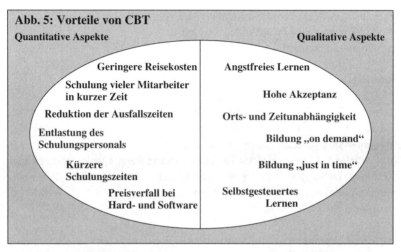

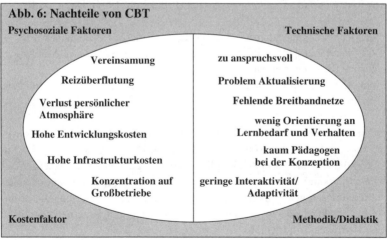

2.4. Anforderungen an Unternehmen und Mitarbeiter

Die Integration von Computer Based Training (CBT) in die unternehmerische Bildungsarbeit stellt allerdings *hohe Anforderungen an Unternehmen und Mitarbeiter* und ist auch nicht für jede Form von Lehr- und Lerninhalten in gleicher Weise geeignet.

Dem Mitarbeiter wird dabei

- Selbstverantwortung zur Weiterentwicklung,
- die Fähigkeit, Lernbedürfnisse zu erkennen und
- sich mit ihnen im Sinne der Unternehmenszielsetzungen zu beschäftigen,

abverlangt.

Sinnvoll ist selbstgesteuertes und „organisiertes Lernen (Boydell 1995, Greif/Kurtz 1996, Heyse/Erpenbeck 1997) jedenfalls nur dann, wenn die Lernenden über genügend Kompetenz im Erkennen des Lernbedarfes, im Planen und Ausführen von Lernschritten und im Einschätzen von Lernfortschritten verfügen. Dabei gilt: Je höher der Grad an Selbststeuerung, desto höher sind die Anforderungen an den Lernenden in Bezug auf Motivation, Selbstdisziplin, Bedien- und Vorwissen.

Für die Unternehmen wird letztlich eine Weiterentwicklung in Richtung *„Lernende Organisation"* vorausgesetzt (Pedler u. a. 1991). Das bedeutet,

- daß jedem Organisationsmitglied das Lernen jederzeit ermöglicht wird,
- daß dieser Lernprozeß im ganzen Unternehmen ausgebreitet und in die tägliche Arbeit integriert ist,
- daß sich der Selbstlernprozeß an den Anforderungen des Unternehmens und seiner Wettbewerbsposition mißt;

„Lernen jederzeit, überall, selbstbestimmt und arbeitsplatznah" – Schlagwörter, die den Vormarsch von PCs vorantreiben. Die Lernphilosophie der Zukunft könnte so aussehen, daß jegliche Art von Leerläufen im Arbeitsablauf vom Mitarbeiter dazu genutzt werden könnte, sich weiterzubilden oder auf der Suche nach neuen Informationen durch Datennetze zu surfen. Dieser uneingeschränkte Datenzugang aller Mitarbeiter setzt auf Unternehmensebene eine Vertrauenskultur voraus.

Auch die Bildungsabteilungen selbst werden grundlegende Veränderungen erfahren. Der Einsatz von CBT kann und wird keine Trainer/Dozenten ersetzen. Was dieser Einsatz hingegen sehr wohl bewirken wird, ist eine Veränderung ihrer Rolle hin zum Lernberater oder Moderator. Eine ihrer Hauptaufgaben wird es sein, andere bei der Entwicklung ihrer eigenen Lernwege zu beraten und Hilfe zur Selbsthilfe zu leisten bzw. die Akzeptanz für die neuen Lernformen zu fördern.

Teil 2:
Ergebnisse der Unternehmensbefragung

1. Zur Erhebung

Im Rahmen des europäischen Berufsbildungsprogrammes LEONARDO DA VINCI wurde die Industriellenvereinigung als Projektträger mit der Koordination der Studie „Sicherung der Wettbewerbsfähigkeit des Industriestandortes Europa durch innovative betriebliche Weiterbildung: Der Einsatz von Computer Based Training" beauftragt. Die Erhebung wurde durch eine europäische Partnerschaft durchgeführt, die auf einer engen Zusammenarbeit zwischen Universitäten, außeruniversitären Forschungseinrichtungen, privaten Weiterbildungsanbietern, Unternehmen und Arbeitgeberverbänden beruht. Die Projektpartner stammen aus Österreich (Institut für Bildungsforschung der Wirtschaft), Deutschland (Ruhr-Universität Bochum), Dänemark (Southern Denmark Business School), Finnland (Confederation of Finnish Industry and Employers) sowie Großbritannien (Cambridge Training and Development Company), als assoziierte Projektpartner wirkten die Oberösterreichische Kraftwerke AG und Siemens Österreich mit.

Zentrale Fragestellung der Studie war die *Untersuchung des Stellenwertes von Computer Based Training (CBT) im Rahmen der betrieblichen Bildungsarbeit in fünf EU-Mitgliedsstaaten*. Kernstück der Studie war eine schriftliche Unternehmensbefragung in allen beteiligten Ländern, ergänzt um die Erstellung von Cases of Good Practice.

Hauptziel der empirischen Analyse war es, die Verbreitung von CBT in Unternehmen, ihre Einsatzbereiche, Lernarrangements sowie die Form der Eingliederung in das betriebliche Bildungskonzept zu erheben, und Vor- und

Nachteile sowie Problemfelder des CBT-Einsatzes sowie das Nachfrageverhalten von Unternehmen zu erheben. Daraus wurden Schlußfolgerungen hinsichtlich Ansatzpunkten zur Intensivierung des CBT-Einsatzes in Unternehmen abgeleitet.

Generell ist in der Literatur ein sehr unterschiedliches Verständnis hinsichtlich des Begriffes CBT festzustellen. Im Rahmen dieser Arbeit werden darunter *„computergestützte interaktive Lernprogramme im Zuge der betrieblichen Bildungsarbeit"* verstanden, d. h. Benutzer können aktiv Programmabläufe beeinflussen und individuell gestalten. Entsprechend der Unternehmenspraxis wurde, um Begriffsunklarheiten zu vermeiden, nicht zwischen CBT und Multimedia differenziert.

In den fünf teilnehmenden EU-Staaten beteiligten sich insgesamt 470 mittlere und größere Unternehmen an der Erhebung. Der höchste Rücklauf war in Finnland mit 151 Fragebögen zu verzeichnen, gefolgt von Österreich mit 95 und Deutschland mit 91. Nach Branchen entfiel jedes vierte Unternehmen auf den Bereich der Grundstoff- und Produktionsgüter, gefolgt von Verbrauchsgütern (19%) und Investitionsgütern (15%). Dabei zeigen sich aufgrund der in den einzelnen Ländern sehr unterschiedlichen Firmenstruktur deutliche Unterschiede hinsichtlich Branchen- und Größenverteilung. Von den antwortenden Unternehmen waren etwa die Hälfte multinationale Unternehmen. Die höchsten Anteile wiesen Österreich (59%) und Dänemark (57%) auf. Der Medianwert des Umsatzes beträgt (ohne Banken und Versicherungen) 74,6 Mio. ECU und hängt erwartungsgemäß stark mit der Unternehmensgröße zusammen (bei kleinen und mittleren Unternehmen 18,6 Mio. ECU, bei Großunternehmen 1.555 Mio. ECU). Der Medianwert der Mitarbeiterzahl liegt bei 500. In Deutschland liegt er aufgrund der vielen antwortenden Großunternehmen bei 5.000 Mitarbeitern, in den anderen Ländern ist er weitaus geringer und liegt zwischen 311 in Großbritannien (da sich an der Erhebung eine Reihe von Dienstleistungsunternehmen aus der Trainings- und Beratungsbranche beteiligten) und 388 in Österreich. Eine detailliertere Information dazu liefert der Anhang.

2. Betriebliche Rahmenbedingungen für den CBT-Einsatz

2.1. Einsatz von Computern am Arbeitsplatz

Für die Frage des Einsatzes von CBT in der betrieblichen Bildungsarbeit ist die Ausstattung mit entsprechender Hardware sowie die Frage, inwieweit generell Computer, Notebooks und Personal-Computer im Unternehmen genutzt werden, von zentraler Bedeutung. In etwa jedem dritten antwortenden Unternehmen nutzt der überwiegende Anteil der Mitarbeiter Computer am Arbeitsplatz. Der Anteil der Unternehmen mit nur geringem Computereinsatz (d. h. weniger als 10% der Mitarbeiter setzen diese ein) ist in allen Ländern gering. Erwartungsgemäß steigt die Einsatzhäufigkeit von Computern am Arbeitsplatz mit der Unternehmensgröße.

Sieben von acht der antwortenden Unternehmen setzen Personal-Computer ein, mehr als die Hälfte arbeiten mit Host und Terminals, fast 40% mit Client Servern. Die Einsatzdichte von PCs liegt zwischen 78% in Finnland und 94% in Österreich. Auch hier steigt die Einsatzhäufigkeit mit der Unternehmensgröße.

2.2. Organisation der Personalentwicklungsarbeit/ Weiterbildung im Unternehmen

Eine weitere wichtige Rahmenbedingung für die Integration von CBT in die betriebliche Bildungsarbeit ist das Vorhandensein einer Weiterbildungs- bzw. Personalentwicklungsabteilung: *43% verfügen über eine zentrale Abteilung, 11% über mehrere dezentrale Stellen* (d. h. es handelt sich hier meist um Großbetriebe, deren Weiterbildungsarbeit bereits wieder dezentralisiert betrieben wird).

Von den deutschen Unternehmen haben nur 14% keine eigene PE/Weiterbildungs-Abteilung, in Finnland dagegen sind es 71%. Dies ist aus der unterschiedlichen Größenstruktur der antwortenden Unternehmen erklärlich. Je größer das Unternehmen, desto eher verfügt es über eine entsprechende Fachabteilung: In den kleinen und mittleren Unternehmen haben drei von vier keine eigene Weiterbildungsabteilung, in Großunternehmen sind dagegen nur mehr 7% ohne entsprechende Stelle (wobei von diesen wiederum ein großer

Teil seine Personalentwicklungsarbeit dezentralisiert hat und über mehrere dezentrale Weiterbildungsstellen oder Bereich-PE-Verantwortliche verfügt).

Zu berücksichtigen ist, daß die Durchführung von Weiterbildungsarbeit nicht an das Vorhandensein einer eigenen Organisationseinheit gebunden ist. Gerade in kleinen und mittleren Unternehmen wird diese vorwiegend ad hoc durch die Unternehmensleitung oder die jeweiligen Bereichsvorgesetzten organisiert.

2.3. Einsatz von Computern in der Bildungsarbeit

Im Zuge der betrieblichen Weiterbildungsarbeit setzen die befragten Unternehmen in einem erheblichen Ausmaß auch Computer ein:
46% der Unternehmen setzen sie im Bildungsmanagement zur Seminarplanung ein, 39% nennen die Mitarbeiterschulung. Etwa jedes dritte Unternehmen setzt Computer auch für Präsentationen des Unternehmens ein bzw. nutzt mit ihnen eine Weiterbildungsdatenbank. Etwa jedes siebente Unternehmen führt computergestützte Planspiele durch. Dagegen sind Telekonferenzen mit 6% noch sehr wenig verbreitet.

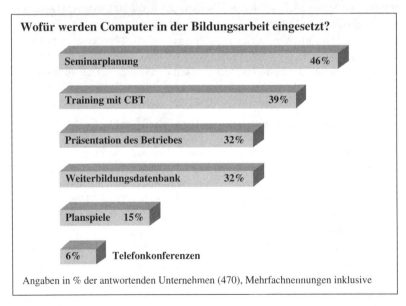

Unterschiede zwischen den einzelnen Ländern sind vorwiegend auf die unterschiedliche Größenstruktur zurückzuführen: In der Seminarplanung setzen drei Viertel aller deutschen Unternehmen Computer ein, in den (kleineren) finnischen Unternehmen dagegen nur etwa ein Viertel. In Deutschland ist mit 40% auch der Einsatz von computergestützten Planspielen am weitaus verbreitetsten, verglichen mit 5% in Österreich und Dänemark. Auch bei der Nutzung von Weiterbildungsdatenbanken liegen die deutschen Großunternehmen mit 48% mit Abstand an der Spitze (dies dürfte auch mit der weiten Verbreitung überbetrieblicher Weiterbildungsdatenbanken, wie z. B. WISY oder Kurs Direkt zusammenhängen).

Bei einer an sich geringen betrieblichen Nutzung fällt auf, daß in Großbritannien fast jedes fünfte Unternehmen Telekonferenzen einsetzt. Dies hängt einerseits damit zusammen, daß sich unter den antwortenden Unternehmen viele Training and Enterprise Councils und andere Trainingsanbieter befinden, andererseits auch mit den geringeren Telekommunikationskosten.

Insgesamt zeigt sich, daß kleine und mittlere Unternehmen Computer im Zuge ihrer Bildungsarbeit vorwiegend für Training sowie für Unternehmenspräsentationen verwenden. In der großbetrieblichen Bildungsarbeit ist das Anwendungsspektrum breiter: 75% der Unternehmen nutzen sie für Seminarorganisation und –planung (d. h. sie setzen meist entsprechende zugekaufte Softwarepakete ein), 60% für Trainingsmaßnahmen, 57% führen damit online Recherchen bei Weiterbildungs-Datenbanken durch, 40% setzen auch computergestützte Planspiele ein.

2.4. Betriebliches Weiterbildungsbudget

Knapp drei von vier Unternehmen antworteten auf die Frage nach ihrem Weiterbildungsbudget. Angesichts der sehr unterschiedlichen Unternehmensgrößen erscheint es sinnvoll, Weiterbildungsaufwendungen pro Mitarbeiter zu vergleichen. Der Medianwert liegt hier bei 374 ECU pro Jahr und Mitarbeiter, wobei die Ergebnisse von Österreich mit 301 ECU bis zu Großbritannien (unter Einschluß der antwortenden Trainings- und Beratungsanbieter) mit 424 ECU reichen. Die Aussagekraft dieser Ergebnisse ist allerdings eingeschränkt. Zu berücksichtigen ist, daß in Unternehmen Aufzeichnungen über Weiterbildungsaufwendungen weitgehend fehlen, sodaß es sich zum Teil um Schätzungen handelt, sowie daß die antwortenden Unternehmen auch unterschiedlich viele Kostenbestandteile in ihre Antworten einfließen lassen.

2.5. Betriebliche Lernformen

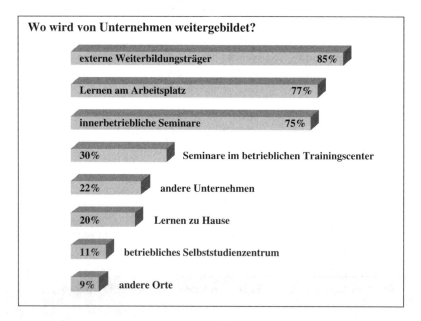

Wo wird von Unternehmen weitergebildet?

- externe Weiterbildungsträger 85%
- Lernen am Arbeitsplatz 77%
- innerbetriebliche Seminare 75%
- 30% Seminare im betrieblichen Trainingscenter
- 22% andere Unternehmen
- 20% Lernen zu Hause
- 11% betriebliches Selbststudienzentrum
- 9% andere Orte

85% aller antwortenden Unternehmen arbeiten mit externen Weiterbildungsanbietern zusammen. Zusätzlich greifen 22% auch auf Angebote anderer Unternehmen zurück (Hersteller-, Kundenschulungen). Angesichts der Unternehmensgrößenstruktur ist auch die hohe Bedeutung innerbetrieblicher Weiterbildung nicht verwunderlich: Jeweils drei von vier Unternehmen bilden am Arbeitsplatz weiter bzw. führen innerbetriebliche Seminare durch, 30% schulen in einem Trainingscenter des Unternehmens, 11% verfügen über ein Selbstlernzentrum. Etwa jedes fünfte Unternehmen gibt an, daß sich Mitarbeiter (auch) zu Hause weiterbilden.

Deutsche Unternehmen weisen sowohl bei innerbetrieblichen Seminaren als auch bei Weiterbildung in betrieblichen Trainingszentren die weitaus höchsten Werte auf, greifen aber aufgrund dieser ausgebauten betrieblichen Weiterbildung seltener auf Kundenschulung durch andere Unternehmen zurück. Externe Anbieter sind in Deutschland, Österreich und Dänemark von sehr hoher Bedeutung (jeweils über 90%), werden dagegen nur von 78% der finnischen bzw. 71% der britischen Unternehmen genannt. *Selbstlernzentren sind vorwiegend in Großunternehmen verfügbar.* Der überdurchschnittliche Anteil bei britischen Unternehmen (fast ein Drittel verfügt über solche Zentren) ist auf die antwortenden Trainingsanbieter sowie regionalen Training and Enterprise Councils zurückzuführen. Erwartungsgemäß gewinnen generell mit steigender Unternehmensgröße innerbetriebliche Seminare, betriebliche Trainingszentren, (ergänzendes) Heimstudium sowie betriebliche Selbstlernzentren deutlich an Bedeutung.

3. Verbreitung von CBT in der betrieblichen Bildungsarbeit

3.1. Einsatzhäufigkeit in Unternehmen

Über alle befragten Unternehmen hinweg zeigt sich, *daß drei von zehn Betrieben CBT in der Weiterbildung einsetzen.* Ob CBT in der Bildungsarbeit eingesetzt wird, hängt in erster Linie von der Branchenzugehörigkeit und im weiteren von der Anzahl der Mitarbeiter ab.

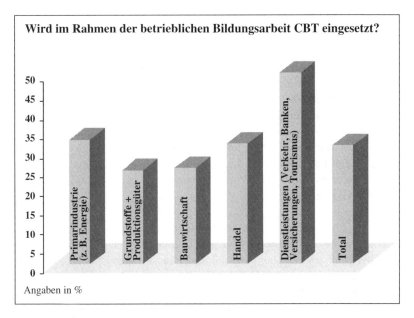

So gibt jedes zweite Unternehmen im Bereich der Banken, Versicherungen und des Verkehrs und des Nachrichtenwesens an, CBT einzusetzen. Bei den

Grundstoff- und Produktionsgüter-Unternehmen spielt CBT nur bei jedem vierten Betrieb eine Rolle.

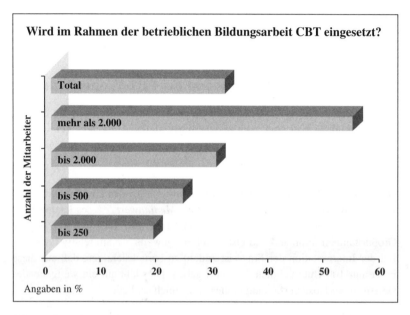

Mit wachsender Zahl an Mitarbeitern steigt der Anteil der Unternehmen, die CBT einsetzen. Bei Betrieben mit bis zu 250 Mitarbeiter arbeiten zwei von zehn mit CBT, bei Großunternehmen (mehr als 2.000 Mitarbeiter) sind es bereits mehr als die Hälfte der Befragten (54%), die in der Weiterbildung CBT einsetzen.

Die länderspezifischen Unterschiede werden von den oben erwähnten Variablen überlagert; so weist etwa Deutschland einen hohen Prozentsatz von CBT in der Weiterbildung auf, zugleich aber auch einen überdurchschnittlichen Anteil an Banken und Großbetrieben (mit zentralen Weiterbildungsabteilungen oder bereits wieder dezentralisierter PE-Arbeit).

Unternehmen, die CBT-Produkte einsetzen, können zusammenfassend folgendermaßen charakterisiert werden:

- Sie sind deutlich häufiger *multinationale* Unternehmen.
- Sie haben *eher viele Mitarbeiter* (Medianwert 1.100, bei Nichtnutzern: 370).

- Sie haben häufiger eine *Weiterbildungs-/PE-Abteilung* oder auch ein spezielles Trainings- oder Selbstlernzentrum (d.h. verfügen über Weiterbildungsspezialisten und entsprechende Infrastruktur).
- Sie haben deutlich *höhere Umsätze und Trainingsbudgets* als Nicht-Nutzer.
- Sie setzen generell stärker *Computer in der Bildungsarbeit* ein (z.b. Seminarplanung, Planspiele, Präsentationen, Datenbanknutzung).

3.2. Kosten- und Zeitaufwand für CBT-Weiterbildung

Aufschlußreich für die CBT zugemessene Bedeutung im Rahmen der betrieblichen Bildungsarbeit sind auch die dafür getätigten Aufwendungen und die auf CBT-Weiterbildung entfallende Trainingszeit in Beziehung zu den jeweiligen Gesamtwerten.

Der Anteil der CBT-Kosten am Weiterbildungsbudget des jeweils letzten Geschäftsjahres ist eher gering und beträgt als *Medianwert 5%* des letzten Weiterbildungsbudgets (bei Extremwerten von 1 bis 70%). Dieser Anteil liegt in Großbritannien, Finnland und Österreich mit jeweils 5% am relativ höchsten. Bei der Interpretation der Frage ist zudem zu berücksichtigen, daß auf diese Frage nur 100 Unternehmen Auskunft gaben. Dies läßt auf ein weitgehendes Defizit in der Kostenerfassung in diesem Bereich schließen.

Auch die Frage nach dem *zeitlichen Anteil am Weiterbildungsvolumen* erbringt ein ähnliches Ergebnis: Der *Medianwert* für den zeitlichen Anteil von CBT-Weiterbildung an den gesamten Weiterbildungsstunden beträgt *ebenfalls 5%*. Er ist in Finnland mit 10% am höchsten, in Dänemark mit 3% am geringsten. Auch diese Frage wurde nur von 100 Unternehmen beantwortet, was auf ein entsprechendes Aufzeichnungsdefizit hindeutet. Nach der Unternehmensgröße ergeben sich keine signifikanten Unterschiede.

CBT-Weiterbildung wird *weitgehend in der Dienstzeit* durchgeführt. Als Medianwert ergab sich 80%. Nach der Unternehmensgröße ergeben sich keine signifikanten Unterschiede.

3.3. Verantwortliche für den CBT-Einsatz

Im Zusammenhang mit der Betrachtung des Einsatzes von CBT im Unternehmen spielt auch die Frage, wer für die Anschaffung von CBT-Produkten zuständig ist, eine zentrale Rolle:

CBT-Programme werden in *zwei von drei Unternehmen durch die Trainings/ PE-Abteilung* eingekauft, in 39% der Fälle erfolgt der Ankauf durch die EDV-Abteilung. Dagegen erfolgt nur in jeweils jeder fünften Unternehmung der Ankauf direkt durch Vorgesetzte bzw. durch einen CBT-Experten des Unternehmens. Externe Berater spielen in diesem Zusammenhang praktisch keine Rolle. Je kleiner das Unternehmen, desto öfter erfolgt die Anschaffung – mangels eigener Weiterbildungsabteilung – direkt durch die jeweiligen Vorgesetzten.

Ein sehr ähnliches Ergebnis gibt die Frage nach dem verantwortlichen Koordinator für den CBT-Einsatz im Unternehmen: In *zwei von drei Unternehmen erfolgt die Koordination durch die Weiterbildungsabteilung,* in jedem vierten Unternehmen durch die EDV-Abteilung (was gleichzeitig ein Hinweis darauf ist, daß CBT vorwiegend für EDV-Weiterbildung selbst eingesetzt wird). Nur in jedem zehnten Unternehmen erfolgt die Koordination durch Vorgesetzte oder einen CBT-Experten. Auch hier spielen externe Berater praktisch keine Rolle. Je kleiner das Unternehmen, desto öfter wird der Einsatz durch die Vorgesetzten selbst koordiniert.

4. Einsatzbereiche und Inhalte
4.1. Arbeitsbereichen

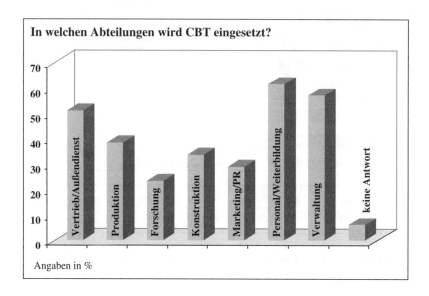

Die Arbeitsbereiche, in denen CBT-Programme häufig eingesetzt werden, *sind Vertrieb/Außendienst,* V*erwaltung und Personal/Weiterbildung* selbst. Weitere Einsatzbereiche von CBT sind branchenabhängig, so etwa werden in Betrieben der Baubranche CBT-Programme vermehrt in den Konstruktionsabteilungen eingesetzt, in der Energiewirtschaft in der Produktion. Hinsichtlich der Branchen fällt auf, daß in Dänemark und Großbritannien CBT-Programme überdurchschnittlich häufig in technischen Bereichen eingesetzt werden, in Österreich und Großbritannien in der Verwaltung, in Finnland in der Produktion und im Vertrieb. Generell zeigt sich, daß die Einsatzhäufigkeit von CBT-Produkten in den einzelnen Arbeitsbereichen mit der Mitarbeiterzahl steigt.

4.2. Inhalte der Weiterbildung mit CBT-Programmen

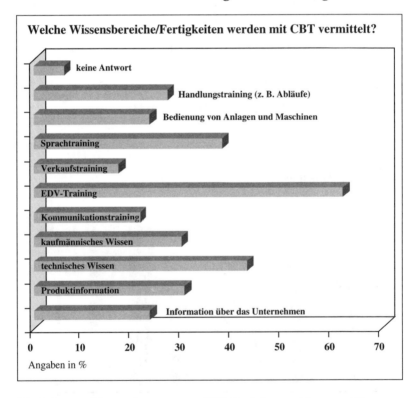

Die befragten Unternehmen setzen CBT-Produkte gezielt zum Abbau von Wissensdefiziten bzw. zum Erwerb von Fertigkeiten in bestimmten Bereichen ein: An erster Stelle wird der Bereich des *EDV-Trainings* genannt, gefolgt von *technischem Wissen* und *Sprachtraining*.

In Österreich und Deutschland wird kaufmännisches Wissen häufiger als in den anderen Ländern mit CBT-Programmen vermittelt. In Finnland setzt man im Sprachtraining, in England im Kommunikationstraining vermehrt auf CBT. EDV-Trainings mit CBT-Programmen werden vor allem in der Produktions-, Investitions- und Verbrauchsgüterindustrie eingesetzt. In größeren – vorwiegend multinationalen – Unternehmen werden vermehrt Sprachtrainings durchgeführt.

5. Überprüfung von Kosten/Effizienz von CBT

Lediglich drei von zehn der Unternehmen, die CBT einsetzen, gaben an, diesbezüglich auch *Kosten/Effizienzüberprüfungen* durchzuführen. Die Unterschiede zwischen den einzelnen Ländern – bei deutschen Unternehmen fast die Hälfte, bei dänischen nur 9% – sind auf die Größenstruktur zurückzu-

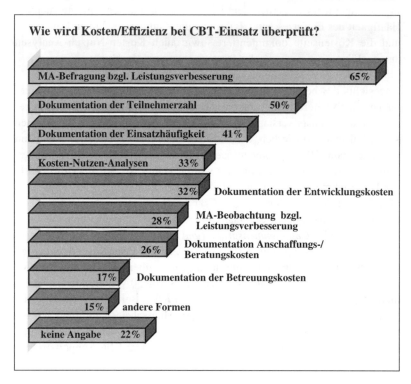

führen. Tendenziell nennen größere Unternehmen etwas öfter die Durchführung entsprechender Überprüfungsmaßnahmen.

Das hier feststellbare Evaluierungsdefizit zeigt sich noch deutlicher, wenn man nach der von den Unternehmen *eingesetzten Form der Überprüfung von Kosten und Effizienz* fragt. Nur 66 Unternehmen führten in irgendeiner Form Kosten/Effizienzüberprüfungen von CBT durch. Am häufigsten wird – in zwei von drei Unternehmen mit Evaluierungsbemühungen – eine Befragung der Mitarbeiter hinsichtlich Leistungsverbesserung durchgeführt, 50% der Unternehmen erfassen die Anzahl der geschulten Mitarbeiter, 40% die Häufigkeit des Einsatzes. Jeweils nur jedes vierte Unternehmen erfaßt die Anschaffungs- und Entwicklungskosten. Jedes dritte evaluierende Unternehmen gibt an, eine Kosten/Nutzen-Analyse durchzuführen. Dies ist insbesondere in den großen Unternehmen in Deutschland der Fall, wo weit über die Hälfte der Unternehmen eine entsprechende Analyse durchführt.

In Großunternehmen werden deutlich öfter als in kleinen Unternehmen die Häufigkeit des Einsatzes von CBT sowie die Zahl der geschulten Mitarbeiter und die Kostenseite dokumentiert sowie auch Kosten-Nutzen-Analysen durchgeführt.

Angesichts des bereits erwähnten weitverbreiteten Defizites an Aufzeichnungen der Weiterbildungskosten und an Evaluierungsinstrumenten generell – und nochmals verstärkt speziell für den Bereich von CBT-Produkten – ist es nicht verwunderlich, daß die Frage nach dem *Break-Even-Point* (im Vergleich von CBT zu konventionellen Seminaren) nur von einer Minderzahl der Unternehmen beantwortet wurde. Dabei ist weit über die Hälfte der Unternehmen der Meinung, daß ab einer Zahl von 50 zu schulenden Mitarbeitern Weiterbildung mittels CBT kostengünstiger sei als durch entsprechende konventionelle Seminare. Interessant ist dabei allerdings, *daß sich mit zunehmender Unternehmensgröße (und damit tendenziell mit zunehmender Einsatzerfahrung mit CBT) diese „Break-Even-Point-Schätzung"* nach oben verschiebt: Bei Unternehmen mit über 500 Mitarbeitern ist nur mehr ein Drittel der Meinung, daß die Zahl von 50 Weiterbildungsteilnehmern bereits für einen CBT-Einsatz spricht. Bei ihnen reichen die Schätzungen bereits bis zu 500 Mitarbeitern. Hier scheinen aufgrund von Erfahrungen mit CBT, insbesondere auch bezogen auf Anschaffungs- und Entwicklungskosten sowie den notwendigen Aufwand für Supportstrukturen realistischere Einschätzungen die Folge zu sein.

6. Zielgruppen

Als Zielgruppen für Weiterbildung mittels CBT steht das *Verwaltungspersonal* mit 75% an der Spitze. In jeweils zwei von drei Unternehmen werden Techniker und Mittelmanagement mit CBT weitergebildet. In jeweils einem Drittel der Unternehmen werden Neueintretende sowie Kundendienst/Verkauf mit CBT weitergebildet.

In jedem zehnten Unternehmen – führend dabei Großbritannien und Finnland – werden Mitarbeiter anderer Unternehmen mit CBT weitergebildet (wobei die Häufigkeit mit der Unternehmensgröße zunimmt).

7. Einordnung in Lernarrangements

7.1 Kombination von CBT mit anderen Weiterbildungsformen

Auf den zeitlich und kostenmäßig eher geringen Anteil von CBT am Gesamtaufwand für betriebliche Weiterbildung wurde bereits hingewiesen. Interessant ist jedoch in diesem Zusammenhang die Frage, inwieweit CBT als Ersatz bzw. Ergänzung von traditionellen Lehrveranstaltungen gesehen wird bzw. inwieweit CBT in diese integriert wird.

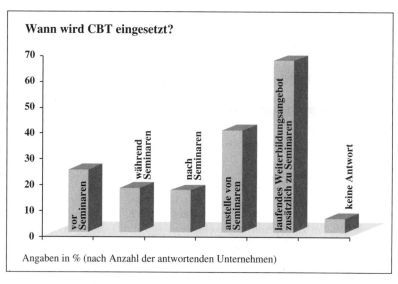

Es zeigte sich, daß CBT-Programme zumeist zusätzlich zu den laufenden Bildungsmaßnahmen eingesetzt werden, aber auch häufig anstelle von Seminaren. Die am dritthäufigsten genannte Einsatzmöglichkeit ist vor Seminaren (d. h. zur Verbesserung der Homogenität der Zielgruppe, wie z. B. durch Abdeckung individueller Wissensdefizite vor Beginn eines Lehrganges). Die Mehrzahl der Unternehmen sieht dabei mehrere Einsatzmöglichkeiten vor. Österreichische, dänische und britische Unternehmen versuchen überdurchschnittlich häufig CBT-Programme anstelle von Seminaren einzusetzen.
Ein Ersatz von Seminaren durch CBT-Produkte wird am häufigsten vom Handel genannt, was auf die hohe Bedeutung von Produktschulung mit CBT hindeutet.

7.2. Form des Einsatzes von CBT-Produkten

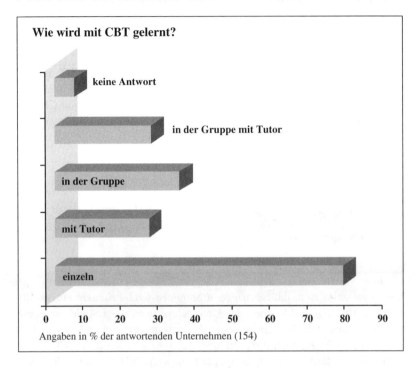

CBT-Programme sind *vornehmlich als Selbstlernprogramme* konzipiert (80%), obwohl in der Literatur immer wieder auf die Wichtigkeit von Sozialkontakten während der Lernphasen hingewiesen wird. Allerdings nennen sechs von zehn Befragten zwei oder mehrere Lernformen, z. B. alleine und in der Gruppe oder alleine mit Tutor. Mit zunehmender Unternehmensgröße wird CBT deutlich öfter in Form von Lerngruppen mit und ohne Tutoren eingesetzt. Dies ist einerseits darauf zurückzuführen, daß mit steigender Mitarbeiterzahl eher Lerngruppen gebildet werden können, andererseits ist hier auch die Unterstützung durch Weiterbildungsexperten mit zu berücksichtigen.

Die CBT-Nutzer wurden zusätzlich hinsichtlich der Häufigkeit der Nutzung verschiedener Formen von CBT-Produkten befragt. Bei dieser Frage wurde differenziert zwischen der Nutzung gekaufter Standard-CBT-Produkte, der Adaption gekaufter Standardprodukte, dem Kauf maßgeschneiderter CBT-Produkte und der Eigenentwicklung von CBT-Programmen.

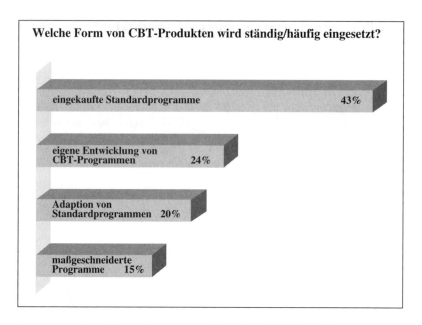

Insgesamt zeigt sich, daß *vorwiegend Standard-CBT-Produkte eingekauft* werden. Eine eigene Mitarbeit des Unternehmens an der Entwicklung findet eher selten statt. Nur ein geringer Prozentsatz der antwortenden Unternehmen führt im Rahmen ihrer Bildungsarbeit Adaptionen dieser CBT-Produkte durch, läßt sie maßgeschneidert entwickeln oder entwickelt sie selbst.

Über die Hälfte der CBT einsetzenden Unternehmen gibt an, *Standard-CBT-Programme* selten zu nutzen, knapp ein Drittel nutzt sie häufig, jedes neunte Unternehmen setzt sie laufend ein. So setzen 27% der dänischen und 22% der britischen Unternehmen, aber überhaupt kein finnisches Unternehmen CBT-Standardprodukte laufend ein.

Eine *Adaption von CBT-Programmen* – was wiederum einen Zeit- und Kostenaufwand bedeutet und entsprechendes internes Wissen voraussetzt – wird demgegenüber erwartungsgemäß seltener durchgeführt: 42% der Unternehmen führen dies selten, 18% häufig, aber nur 2% ständig durch.

Dasselbe gilt für den Ankauf *maßgeschneiderter CBT-Programme:* 56% setzen sie selten, 13% häufig, aber nur 2% immer ein.

Auch die *Entwicklung eigener CBT-Produkte* – was entsprechendes internes Know-How voraussetzt – setzt diesen Trend fort: 35% führen dies selten durch, 19% häufig, 4% laufend.

In 57% der Unternehmen sind die CBT-Programme mit *Multimedia/ Hypermedia-Sequenzen* ausgestattet. In Deutschland und Großbritannien sind dies sogar zwei Drittel der eingesetzten CBT-Programme dieser Art, was sich aber durch die hohe Anzahl von Großbetrieben bzw. den überdurchschnittlichen Anteil von Trainingsinstitutionen in der befragten Population erklären läßt.

8. Nicht-Nutzer von CBT und ihre Zukunftspläne

Von jenen Unternehmen, die zum Zeitpunkt der Untersuchung CBT noch nicht verwenden, plant ein Drittel, CBT in naher Zukunft für die Schulung ihrer Mitarbeiter einzusetzen. Überdurchschnittlich viele Unternehmen planen den Einsatz von CBT-Produkten in Finnland (knapp 50%) und in Großbritannien (42%). Unternehmen der Branchen Energie und Bergbau, die bislang bei der Anwendung von CBT im Durchschnitt liegen, wollen in Zukunft aber überdurchschnittlich oft – nämlich jedes zweite Unternehmen – CBT-Produkte in der Weiterbildung einsetzen. Sowohl der bisherige als auch der geplante Einsatz von CBT in der betrieblichen Weiterbildung nimmt mit der Anzahl der Mitarbeiter des Unternehmens zu.

Aus der Befragung kristallisierten sich ganz deutlich zwei Voraussetzungen heraus, die den Einsatz von CBT begünstigen:
Jeweils sieben von zehn Befragten würden CBT in der betrieblichen Weiterbildung einsetzen, wenn erstens das *Kosten-Nutzenverhältnis* gegenüber den herkömmlichen Weiterbildungsformen günstiger ist - Großbritannien, Finnland und Österreich bewerten diese Voraussetzung sehr hoch –, und zweitens weil dadurch die Möglichkeit zur inhaltlichen, örtlichen und zeitlichen Flexibilisierung der Weiterbildung besteht – was wieder in Deutschland, Dänemark und Großbritannien als sehr wichtig erachtet wird.
Mit Abstand folgen Bedingungen wie Möglichkeit der Nutzung von Leerläufen während der Arbeitszeit und anwenderfreundlicher Aufbau von CBT-Produkten.

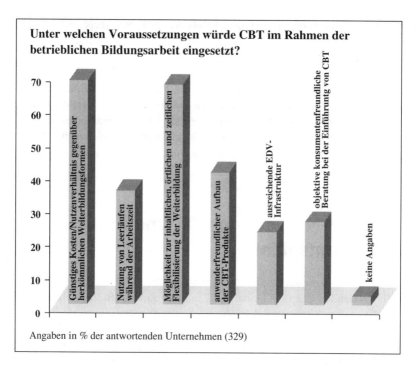

Für Unternehmen der Branche Energie und Bergbau sind neben den erwähnten Voraussetzungen auch die notwendige Infrastruktur und objektive und konsumentengerechte Beratung von großer Wichtigkeit.

Mit zunehmender Mitarbeiterzahl wird die inhaltliche, zeitliche und örtliche Flexibilisierung der Weiterbildung und der anwenderfreundliche Aufbau von CBT-Programmen immer wichtiger.

9. Informationsstand über CBT und Informationsquellen

Vier von zehn Unternehmen erachten sich als über CBT-Programme gut informiert. Versicherungen und Kreditinstitute sowie generell Großunternehmen sind überdurchschnittlich oft dieser Ansicht. Die Informationen entnehmen die Befragten zumeist Fachzeitschriften und Prospektmaterial.

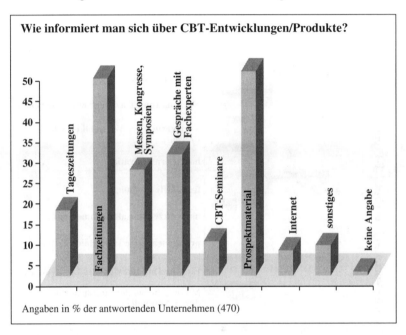

Anwender von CBT-Programmen informieren sich darüber hinaus auch noch vermehrt bei Expertengesprächen, Messen, Kongressen, Symposien etc.

10. Mögliche Vor- und Nachteile von CBT aus Unternehmenssicht

Die Vorteile von CBT-Programmen liegen nach Einschätzung der Unternehmen in der Möglichkeit, auf das *individuelle Lerntempo* eingehen zu können, in *der freien Zeiteinteilung* und in der *Wahl des Lernzeitpunktes*. In der Energiewirtschaft wurde darüber hinaus noch häufig die Möglichkeit der Verlagerung der Weiterbildung in die Freizeit und freie Wahl des Lernortes genannt. Im Baubereich spielt weiters die Nutzung der nichtproduktiven Zeit und die Erhöhung der Lernmotivation eine Rolle. Der Dienstleistungsbereich und die Großunternehmen sehen im Einsatz von CBT-Programmen eine kostengünstige Weiterbildungsmethode.

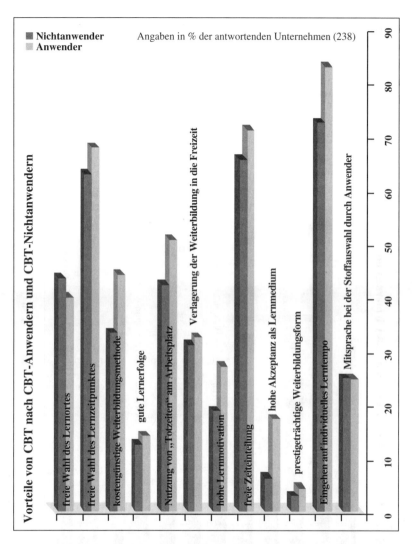

Sowohl diejenigen, die bereits CBT-Programme einsetzen, als auch die „Non-User" wurden gebeten, die Vorteile zu nennen. Generell zeigt sich, *daß die Erfahrung mit CBT-Programmen die Zustimmung erhöht.* Die Vorteile dieser Lernmethode werden durch den Gebrauch erst richtig deutlich. Vor allem Vorteile wie Akzeptanz des Lernmediums, guter Lernerfolg, kostengünstige Lernmöglichkeit werden von den Nutzern höher bewertet.

Es zeigt sich aber auch, daß jene Unternehmen, die einen Einsatz von CBT-Programmen planen, generell mehr Vorteile sehen als diejenigen, die in nächster Zeit dies nicht beabsichtigen.

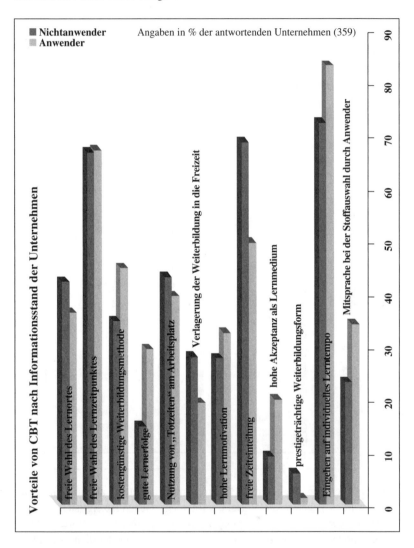

Welche Vorteile Unternehmen sehen, hängt deutlich mit deren Informationsstand über CBT zusammen:

So sehen die „Informierten" die Vorteile im individuellen Lerntempo, in der hohen Akzeptanz des Lernmediums bei Weiterbildungsinteressenten, in der hohen Lernmotivation, im guten Lernerfolg und im günstigen Kosten/Nutzen-Verhältnis.

Die „Nichtinformierten" sehen in der freien Form der Zeiteinteilung, der Wahl des Lernortes und auch in der Nutzung von Freizeit und „Totzeiten" die größten Vorteile.

Während die Befragten einige Vorteile von CBT-Programmen recht deutlich und einhellig hervorheben, differieren bei den Nachteilen von CBT-Programmen die Meinungen der Unternehmen erheblich..
Mehr als 40% fürchten den *Verlust der persönlichen Atmosphäre,* jeweils ein Drittel eine gewisse *soziale Isolation bzw. technische Probleme* und für ein Viertel sind die Entwicklungskosten oder die Kosten für die Anschaffung der Infrastruktur zu hoch. Immerhin noch 30 Prozent der Befragten sind mit der methodisch-didaktischen Aufbereitung der Software nicht zufrieden.

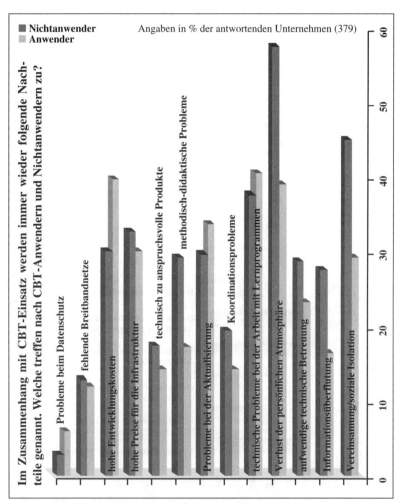

Unternehmen ohne CBT-Erfahrung fürchten vor allem die soziale Isolation und die mangelnde Transparenz am Markt. Die CBT-Nutzer hingegen sehen vielmehr die Nachteile im technischen Bereich und beim Aktualisieren der Programme. Unternehmen, die in naher Zukunft CBT-Programme einsetzen wollen, sehen eher Nachteile als jene, die sich nicht mit diesem Gedanken tragen. Von letzteren fürchten allerdings mehr als die Hälfte die soziale Isolation. Unternehmen, die den Wert von CBT-Programmen in der Weiterbildung in Zukunft sehr hoch einstufen und sich deshalb mit der Problematik mehr beschäftigen als Nicht-Nutzer, sehen die meisten Nachteile im technischen Bereich.

11. Zukunftsperspektiven

11.1. Geplante Investitionen

Ein Drittel der Befragten wird in Zukunft in Hardware investieren, knapp die Hälfte plant, die Software aufzustocken.

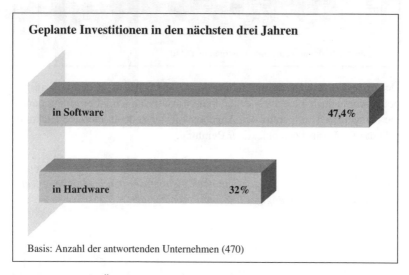

Deutschland und Österreich sind (im Softwarebereich) überdurchschnittlich investitionsfreudig, ebenso Unternehmen der Dienstleistungsbranche (Banken und Versicherungen, Trainingsunternehmen). Unternehmen, die bereits mit CBT-Programmen arbeiten und jene, die sich gut informiert fühlen, sind auch in der Zukunft investitionsfreudiger.

11.2. Begleitmaßnahmen zur Förderung des CBT-Einsatzes

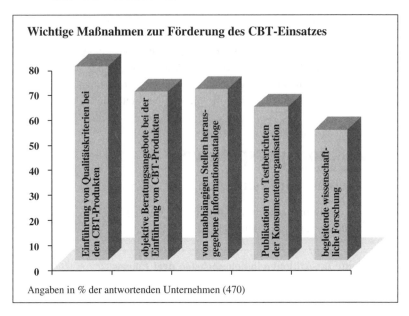

Der Wunsch nach Qualitätskriterien für CBT-Produkte ist deutlich ausgeprägt, wurde doch auch als Nachteil beim Einsatz von CBT-Lernprogrammen die mangelnde Transparenz des Angebotes festgestellt. In dieselbe Richtung geht das Bedürfnis nach objektiver Beratung.

CBT-Nutzer legen mehr Wert auf Testberichte und wissenschaftliche Untersuchungen, jene, die CBT-Programme noch nicht einsetzten, benötigen objektive Beratung und unabhängiges Informationsmaterial.

11.3. Einschätzung der zukünftigen Bedeutung von CBT

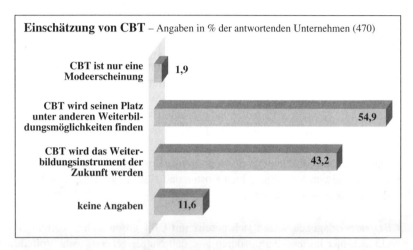

Über die Hälfte der Befragten meinen, daß CBT-Programme in Zukunft mit anderen Weiterbildungsinstrumentarien gemeinsam eingesetzt werden. In Deutschland (91%), in Dänemark (89%) und in Österreich (76%) ist man überdurchschnittlich oft dieser Meinung.

Durchschnittlich glauben etwas über 40%, daß CBT das *Weiterbildungsinstrument* der Zukunft wird, insbesondere britische Unternehmen und Trainingsanbieter (90%) und kleine und mittlere Unternehmen (60%) setzen auf diese Lernform. Unternehmen mit dieser Einschätzung sehen den wichtigsten Vorteil von CBT im pädagogischen Bereich: höhere Lernmotivation, größere Freude am Lernen und besserer Lernerfolg. Darüber hinaus vertreten sie die Ansicht, daß es durch die Flexibilität des Einsatzes zu einer besseren Nutzung der Zeit kommt. Daß CBT nur eine *Modeerscheinung* sei, meint nur ein Prozent der befragten Unternehmen.

12. Schlußfolgerungen

Unter den *Nicht-Nutzern von CBT* sind drei Problemfelder auszumachen:
- Euphorie und überzogene Erwartungen an CBT (z. B. Kostenminimierung, vollständiger Ersatz von Trainingsmaßnahmen und -abteilungen durch CBT-Einsatz, keine Akzeptanzprobleme bei den Weiterbildungswilligen)

- es werden Nachteile (wie z. B. soziale Isolation der Lernenden) befürchtet
- es fehlen Informationen über das Angebot sowie über Kriterien, anhand derer die Qualität von Programmen beurteilt werden könnte

Diese Problemfelder können dadurch abgebaut werden,
- daß über realistische Cases of Good Practice (auch aus kleinen und mittleren Unternehmen) überzogene Erwartungen relativiert werden
- daß über das Angebot von „Schnuppermöglichkeiten", über testimonials oder Expertengespräche befürchtete Nachteile widerlegt werden
- daß Qualitätskriterien erarbeitet und propagiert werden
- daß neutrale Beratungs- und Anlaufstellen für Informationen eingerichtet werden
- daß Angebotsübersichten (z. B. Programmkataloge) geschaffen werden
- daß anhand von Modellprojekten Kosten und Nutzen wissenschaftlich fundiert herausgearbeitet werden

CBT-Nutzer dagegen setzen sich bereits mit CBT auseinander. Vorteilhaft wirkt sich hier insbesondere dadurch aus, daß Nutzer generell mehr Vorteile und weniger Nachteile sehen als Nicht-Nutzer. Allerdings sehen sie sich stärker mit aus dem aktuellen Betrieb resultierenden Problemen konfrontiert (z. B. Probleme technischer Natur, Aktualisierungsprobleme, didaktische Schwächen einzelner Produkte). Ihre auftretenden Fragen und Probleme sind also bereits sehr viel konkreter und dringlicher. Dies gilt tendenziell auch für diejenigen Nicht-Nutzer, die bereits für die nächste Zukunft *CBT-Einsatz planen.*

Ansatzmöglichkeiten bieten hier z. B.
- das Angebot einer möglichst fachspezifischen CBT-Beratung bzw. einer Hotline für Problem- und Spezialfälle von Anwendern
- spezielle Informationen über Neuerungen und Entwicklungstendenzen, z. B. mit Verbreitung über Messen
- Publikation von Testberichten über neue Entwicklungen und Produkte
- Förderung des Wissenstransfers über Erfahrungsaustauschgruppen, Fachkongresse und spezielle Workshops

Darüberhinaus ist als weitere Zielgruppe eine (kleinere) Gruppe von enttäuschten Unternehmen zu beachten, die nach einem ersten (zu euphorischen) *Einsatz nun keine weiteren Aktivitäten* im CBT-Bereich mehr setzen will und die u. U. ihre Fehlerfahrungen an andere Interessenten weiterleitet. Da hier grundsätzliches Interesse vermutet werden kann, ist eine ergänzende fachliche

Beratung, die an den aufgetauchten betrieblichen Anwendungsproblemen ansetzt, ebenso zielführend wie das Angebot einer Hotline-Beratung.

13. Anhang: Zu den antwortenden Unternehmen

In jedem der an der Studie teilnehmenden Länder wurden vom jeweiligen Projektpartner 500 bis 700 größere Unternehmen mit dem in die Landessprache übersetzten Fragebogen angeschrieben. Insgesamt konnten in die Untersuchung 470 Fragebögen einbezogen werden. Der höchste Rücklauf war in Finnland mit 151 Fragebögen zu verzeichnen, gefolgt von Österreich mit 95 und Deutschland mit 91.

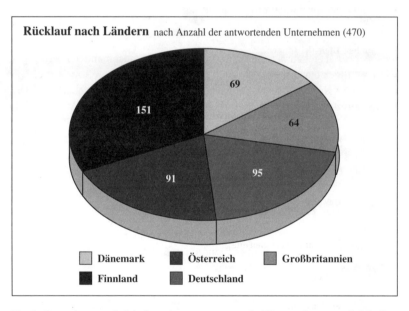

Nach *Branchen* entfiel jedes vierte antwortende Unternehmen auf den Bereich der Grundstoff- und Produktionsgüter, gefolgt von Verbrauchsgütern (19%) und Investitionsgütern (15%). Der Rücklauf zeigt – aufgrund der in den einzelnen Ländern sehr unterschiedlichen Firmenstruktur – deutliche Unterschiede in der Branchenstruktur: So entfallen z. B. in Österreich neun von zehn der antwortenden Unternehmen auf diese genannten drei Branchen, in Deutschland dagegen nur jedes dritte. In Dänemark sind mehr als die Hälfte der Unternehmen in der Grundstoff- und Produktionsgüterindustrie angesiedelt, in Deutschland und Finnland dagegen nur etwa jedes siebente. Finnland weist den höchsten Anteil an antwortenden Bauunternehmen auf. In Großbritannien fällt etwa jedes dritte Unternehmen auf den Bereich der sonstigen Dienstleistungen (dabei handelt es sich vorwiegend um befragte Trainingsunternehmen sowie Training and Enterprise Councils).

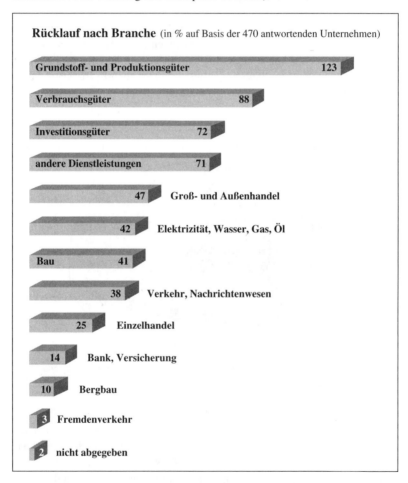

Von den antwortenden Unternehmen waren etwa die Hälfte multinationale Unternehmen, wobei mit der Unternehmensgröße auch der Anteil der Multinationalen zunimmt. Die höchsten Anteile wiesen Österreich (59%) und Dänemark (57%) auf. Mit der Unternehmensgröße stieg auch der Anteil der multinationalen Unternehmen.

Hinsichtlich des *Umsatzes* wurden zur besseren Vergleichbarkeit Banken und Versicherungen nicht berücksichtigt, um Verzerrungen zu vermeiden. Der Medianwert beträgt insgesamt 74,6 Mio. ECU. Den niedrigsten Wert weist dabei Großbritannien mit einem Median von 30, 5 Mio. ECU auf, den weitaus höchsten Deutschland mit 1.217 Mio. ECU (was auf die Größenstruktur der jeweils antwortenden Unternehmen zurückzuführen ist). Die anderen drei Länder weisen etwa vergleichbare Werte auf. Der Umsatz hängt stark mit der Unternehmensgröße zusammen: Der Medianwert beträgt bei kleinen und mittleren Unternehmen 18,6 Mio. ECU, bei Großunternehmen dagegen 1.555 Mio. ECU.

Die *Mitarbeiterzahl* der antwortenden Unternehmen streut sehr stark. Der Medianwert liegt bei 500 Mitarbeitern. In Deutschland liegt er aufgrund der vielen antwortenden Großunternehmen bei 5.000 Mitarbeitern, in den anderen Ländern ist er dagegen weitaus geringer und liegt zwischen 311 in Großbritannien (da sich an der Erhebung eine Reihe von Dienstleistungsunternehmen aus der Trainings- und Beratungsbranche beteiligten) und 388 in Österreich.

D. h. der Rücklauf war sowohl nach der Branche als auch nach der Mitarbeiterzahl sehr verschieden, was bei der Interpretation der Ergebnisse hinsichtlich länderspezifischer Differenzen unbedingt zu berücksichtigen ist. So beschäftigen z. B. zwei von drei der antwortenden deutschen Unternehmen mehr als 2.000 Mitarbeiter, in Dänemark nur 3%, in den restlichen Ländern liegt der Anteil bei etwa 10%.

Unterschiedlich ist auch die *Mitarbeiterstruktur* der Unternehmen: Der Anteil der Führungskräfte an der Belegschaft beträgt 2% (Medianwert), jener des Mittelmanagements 7%, jener der Techniker 11%, jener des Verwaltungspersonals 11% und jener der Arbeiter 62%. Bei den Technikern weisen britische und finnische Unternehmen die relativ höchsten Anteile auf. Beim Verwaltungspersonal führt Deutschland mit einem Medianwert von 25%, am geringsten ist der Anteil bei den finnischen Unternehmen mit 9%. Entsprechend weisen die Länder mit eher klein- und mittelbetrieblich dominierter Struktur – Österreich, Dänemark, Finnland – jeweils einen ähnlichen Medianwert bei den Arbeitern auf (von 63 bis 68%), während dieser bei den größeren Unternehmen in Deutschland und Großbritannien mit 47% bzw. 44% deutlich darunter liegt.

Teil 3: Cases of Good Practice

Anglian Water[1]

1. Company's Background

Anglian Water is geographically one of the largest water service companies in England and Wales. The region they serve stretches from the Humber to the Thames and to Oxfordshire in the West. Anglians International Operations transgress the UK boundary and provide consultancy and a wide range of operational and managerial services to municipal and industrial markets around the world. Some of the countries where services are being provided by Anglian Water International are Pakistan, New Zealand, Brazil, Korea and India. Anglian Water has about five thousand employees ranging from directors to the staff in water treatment. Only 35% of the staff are in operations and the rest are in administrative, managerial and customer service components. The internal market is very competitive, and Anglian hopes to use its skills and reputation in the UK to sell internationally. Anglian Water was formerly owned by the government but became privatised (like many other water companies in the UK) in 1989. This privatisation sets a competitive edge to everything they do, in a sense that they are geared to provide better and high quality services than other water companies in the UK. For example, in an area of vast population, they have to offer competitive prices and exceptionally good services. If they do not, they might lose the business to another water company that is in or outside its operational boundary. Their vision is to be a global company providing local sources and they hope to achieve this by giving customers excellent value and first class services and by giving employees good conditions of service combined with opportunities for personal development. These strategies have strong implications for the training of staff and for the materials purchased for training and staff development.

2. Personnel Development Concept

Prior to privatisation, Anglian Water only had a small training centre which holds training and computer courses. However, after privatisation, there was pressure to invest in personnel development and to move towards building a learning organisation. As a result of this development, an approximate amount of £ 460 was allocated for each individual staff training and 15 Learning Centres were established.

2.1. Training objectives

The training objectives are:
- to make an employable workforce, meaning that staff are trained not only for the present but also for the future
- to encourage a more flexible workforce; staff are seconded to different jobs to improve their versatility and abilities in carrying out different types of jobs
- to foster a spirit of amicability and equality as well as a feeling of importance in the staff's self-worth

These objectives are set against the main business objectives which are customer service quality and efficiency. There appears to be an assumption that, if you invest in people, you are also investing in the company and helping the company to reach its goal.

2.2. Types of training

It seems that everyone in the organisation would have gone through some type of training courses. There are compulsory courses such as Health and Safety and Computing which are attended by everyone. Other courses would be attended only by the appropriate staff depending on how relevant and important the courses are for them. Types of training range from management to customer service. The emphasis, however, is on customer service. Indeed, their programme called „Towards 2000" aims to have workers achieve NVQ Levels 3 or 4 in customer service by the year 2000. Up to date, Anglian Water has already had 360 employees through Customer Services NVQ.

Anglian Water also has an impressive list of accredited programmes where it works in partnership with a variety of institutions like NCVQ, Institute of

Management, Anglia Polytechnic and De Monfort University. All the programmes are conducted in-house and are overseen by the respective institution. There is also a large intake of graduates who go through a training programme and this forms quite a substantial part of Anglian Water's training programme.

2.3. The Learning Centres

The Learning Organisation was launched in November 1994. By 1st October 1996, there are 15 learning centres. An amount of £15,000 was spent on setting up each Learning Centre and on equipping the Centre with the infrastructure (e.g. hardware) and training materials. The latter consists of videos, CBT products and books. Materials may be borrowed on a library basis. It is believed that the Centres give people a wider opportunity for learning at their own pace, to refresh existing knowledge and skills and offer support for longer term development programmes such as the MBA, Management Development Programmes and NVQs. They encourage people to take responsibility for their own development and act as a change agent in the business by reflecting current needs in business. The learning with CBT is only relevant insofar as it is being used by the staff when they visit the Learning Centre.

3. The use of CBT

3.1. CBT Products in use

As emphasised before, CBT products are mainly used in the form of supplementary materials to the training courses attended by the staff. They are hardly used during training courses by the trainers.
In general, these are the various ways that CBT products are used:
- Before a member of staff decides to go for a particular training course, he or she would go to the Learning Centre and see what is available in the Centre in that particular area. If there have been many changes in the area which are not covered in the CBT product, then he or she would decide to go for the training course.
- When a member of staff does not have time to go for a training course for various reasons, then he or she would go to the Learning Centre and go through a training package (mostly CBT products) at his or her own time. However, priority is still given for him or her to attend a training course as often as possible.

- After attending a training course, a member of staff would use CBT products as a form of follow-up of the training course.

3.2. The attitude towards CBT

On the whole, the attitude of the staff towards the use of CBT is very positive. This is obvious especially in the use of CBT products after attending a training course. The staff perceive the CBT products as an interesting follow-up course. In addition, the staff find the CBT products convenient to use because they are there in the Learning Centre and can be used when they need them. The support of top management in the form of giving their subordinates some time off to study at the Learning Centre also helps to encourage the staff to use CBT products more often as part of their training. Indeed the top management, especially the Manager of Innovation, is an ardent advocate of training by using CBT products or any form of Information Technology. When CBT products are not used quite often, as is the case in some of the Learning Centres, it is more due to the reason of internal promotion by the various Learning Centre Managers. It is often the case that if there is enough promotion, the staff would be persuaded to go to the Learning Centre and use the CBT products in it. This is not to say that there are no people who dislike CBT. As the case in every organisation, there would always be those few people who dislike CBT products not because of the quality of the products themselves but because of their own fears and phobias about using technology.

3.3. Reasons for introducing CBT

There are many reasons for using CBT in Anglian Water, some of which are outlined as follows:
- Learners could learn at their own pace.
- Learners could use CBT as and when they need training or further information about a particular area; it is convenient.
- There is tremendous interactivity in using CBT as compared to using videos. Learners get involved in the learning process.
- CBT is considered as giving more in-depth information about a particular area of training than videos.
- Learners get the same information for a particular topic. This is important from the management point of view because learners may get different types of information from different trainers and the information gained de-

pends on how the course is delivered by the trainers. The use of CBT products helps to „standardise" the information gained by learners.

3.4. Implementation phase of CBT

The purchase of many CBT products started with the emergence of the Learning Centres which has been described earlier. In the short time during which the Learning Centres have been setup, over fifty-one CBT packages have been purchased and this number is increasing every day. It does appear that the trend is towards purchasing more CBT products in the future.

3.5. Time factor

The way CBT products are used has been discussed earlier. In terms of the time spent on using CBT products, the only information known is that there is a total amount of 30 hours spent in a Learning Centre per month. To what extent this reflects the use of CBT products is not known.

3.6. Products being used

There is a wide range of products being bought from a wide variety of computer-based training producers. Examples of the range of products are customer service, time-management, supervisory skills, appraisal, management skills and finance.

Anglian Water has come up with one bespoke software in water billings which it is using quite extensively. In addition, it has also bought one or two other bespoke products developed by other water companies. There does seem to be an inclination for Anglian Water to come up with bespoke software in the future because these products cater more particularly to their needs. They are especially interested in an intranet solution which delivers a wide range of bespoke training to their staff.

3.7. Tutors

The Lincoln Learning Centre, which is the largest, has three full-time trained tutors/trainers. In the other Learning Centres, the learners who use CBT products are helped by the respective Learning Centre Manager and administrator. Most of these Learning Centre Managers and administrators come to the job with the knowledge of knowing how to use CBT products. It does not seem necessary to train them any further because CBT products, as mentioned earlier, are only regarded as supplementing the actual training courses; they are hardly used during a training course. It is, therefore, enough that these managers and administrators function as facilitators of using CBT products.

3.8. Results of CBT use

All that is known at the moment is that the training objectives for the customer service have been met. At present, there is an ongoing evaluation to measure cost and benefit of the CBT being used. The result will only be available in December.

3.9. CBT use in the future

At present Customer Service are looking into producing a CBT to support NVQ III Customer Service.

4. Conclusion

In short, it seems that Anglian Water is very proactive in its use of CBT products and has a positive attitude towards CBT. The fact that orders for CBT products increase in all Learning Centres is a clear signal that CBT products are going to be a fundamental part of the staff training and development plan. The support by top management to innovative methods in training also further encourages trainers to use CBT products as part of their training courses, being it in the form of pre- or post-training courses. There is also an obvious sign that learners do get involved in the learning process when they use CBT products and this helps to reinforce more use of similar products in the future.

However, they do have a few concerns about the use of CBT as part of the training and development plan for their staff. Firstly, there are needs for CBT products in order to have a tracking tool that monitors performance of learners so that trainers could measure progress. Although this feature exists in some of the CBT products, most still do not have such a facility. The dilemma lies in the extent of the tracking facility because learners might get discouraged from using the product if they know they are being assessed. There needs to be a clear balance between using the CBT product as a way of learning and using it as a way of assessing the learners' capability. Secondly, there are great concerns that CBT products do not have facility for updating and for customising. It is thought that these facilities would provide more added value for the products bought. Perhaps CBT developers ought to think about these features in future developments.

London Underground District Line[2]

1. Organisation Background

The District Line is one of the operating areas of London Underground, the operator of the underground rail system for London. The District Line serves London from Ealing in the west, Wimbledon in the south and Upminster in the east. The Line has some 1.600 employees with 10% middle to senior management, 30% technical and administrative and 60% station staff, drivers, ticket clerks etc.

Competition arises in the form of other transport providers, such as the bus network and private cars and taxis. The aims of the organisation are to provide safe and efficient transport for its customers.

Historically, a large part of the training requirement was handled centrally by London Underground, but in recent years responsibility for training has been devolved to the individual operating lines. This has resulted in the opportunity to assess and invest in new methods of training delivery in order to satisfy legal safety requirements as well as personnel development issues.

2. Personnel development concept

The District Line has taken overall responsibility for the training requirements of its staff over the past few years, and has developed a range of training initiatives designed to ensure that all staff have the opportunity to develop themselves to their full potential. They have implemented an open learning centre where staff can take advantage of a wide range of training materials and resources designed to facilitate self development. There is an overall training budget in the region of £1million.

2.1. Training objectives

The training objectives are
- to develop staff to their full potential
- to develop staff to be multi-skilled and thus being a benefit for the organisation
- to satisfy legal Health and Safety requirements

The main factors behind the training strategy are the need for greater efficiency, a better public profile, and the increase in the numbers of multi-skilled staff. The District Line firmly believes that every member of staff is vital to the success of the organisation, and therefore they work very hard to ensure that the full potential of those staff is developed.

2.2. Types of training

Just about all topics are covered by some aspect of the training offered by the District Line. Any member of staff who works in close proximity to any rail line has to undertake rigorous training to achieve a „Safety Critical Licence". This is retested every three years, so there is always a constant training requirement in this area. Personnel Development training ranges from IT skills, through Customer Service Skills and up to Management Development Training. Other covered areas are language training, report writing and a host of interpersonal skills initiatives. Training takes place in a variety of areas and by a variety of formats and media. Training is carried out in the workplace, in a central training area, off-site, in a Learning Centre, and even at home. Training methods used include Open Learning, CBT, classroom courses, informal group sessions and off site visits to other training providers.

3. The use of CBT

CBT does not provide the main thrust for training delivery in the fields of personnel development but rather supplements the training in certain topics. It is used in addition to seminars and in some instances instead of seminars. The main use on the Personnel Development front is in self-development via the open learning centre. Here staff are able to select training materials to be worked through on their own, in addition to any formal training provided by the organisation.

A primary use of CBT lies in the provision of Safety Critical Licensing training. This is a legal requirement and necessitates a constant training requirement. CBT has been identified as the most cost- and time-efficient delivery method. The additional advantage is that staff can take as much time as they need in order to fully understand the training. They are not rushed along at the rate of the others in the group and therefore missing vital points.

3.1. Attitude towards CBT

CBT is now generally accepted throughout the workforce as a useful training delivery method. There are still pockets of resistance in some areas but these are now few and far between. Initial reservations were present, primarily through a lack of information and knowledge on the part of the training staff. As time has gone on, CBT has become an integral part of the training policy and has proved to be effective and successful. The growth of technology in the office and at home has eliminated many of the fears experienced when it was originally implemented.

3.2. Reason for implementing CBT

CBT was initially implemented for the Health and Safety training. As a result of this it was used for a greater range of subjects. CBT was seen primarily as a more cost effective way of delivering training. The company has seen significant cost advantages as well as a reduction in the amount of lost productivity through the time spent on training. Staff have grown to like the interactivity of CBT, as well as the benefits of being able to work at their own rate and the versatility of being able to access particular areas of training instantaneously.

3.3. Implementation

CBT was introduced throughout London Undergound for the safety training, with a steering group being responsible for ensuring the infrastructure was in place to deliver the training. They set an implementation date and worked towards that. Initial hindrances were the lack of equipment and the lack of trainer knowledge, but these were overcome within a very short period of time.

3.4. Extent of CBT use

CBT is used by the majority of staff from senior management down to station staff. Soft skills are taught via CBT to administrative and management staff, and train operators and some station staff undertake Health and Safety training. All staff have access to the Learning Centre which has CBT as the chosen delivery method for much of the IT and soft skills training. This also includes languages and finance.

Approximately 1% of the training budget has been allocated to CBT, and it accounts for approximately 10% of the total training time spent on average. CBT use is 100% business related during work hours, with non-business related activity taking place off working hours or during lunch breaks.

Overall, the organisations objectives have been reached with no real hiccups along the way. CBT use for soft skills is gradually on the increase with an expectation of greater investment in this area over the coming years. There has been no systematic rating of cost and benefit of the use of CBT. It will be implemented for a greater range of topics in the future, with a priority topic being local induction procedures.

4. Résumé

District Line feels that it needed greater information when it was implementing CBT for the first time, and organisations looking to go this route must consider the cost implications for hardware and the software costs. With constant technological advances, choosing the right moment to buy is also a problem.

KONE Group[3]

About the company

The main business of the KONE Group is the manufacture, installation, modernisation and maintenance of elevators and escalators. KONE products are manufactured in several countries in Europe, North and South America and Asia. To carry out broad-based field operations, an extensive installation and after sales service organisation is maintained in key market areas around the world. KONE offers customers in the vertical transportation field products and services designed to sustain and increase the value and usefulness of their property. Customers include planners, developers, builders and owners of public and private buildings. The net sales of the group were FIM 9,5 billion in 1995. KONE has 21 000 employees, 56% working in European Union countries (1.823 persons in Finland), 23% in North America, 11% in Asia and Australia, 4% in Europe outside the EU and 6% in other countries.

2. Personnel development and training

The most important training areas are management and leadership, quality and new technologies. The training on new technologies (technical training) has a special focus within the company. KONE has its own technical training centre in Hyvinkää, Finland, that trains trainers for KONE companies all over the world. However, most of the technical training takes place in different countries where KONE group has subsidiaries and sales offices. KONE Sweden is a good example: 5% or less of its technical training takes place in the Hyvinkää Training Centre.

Training costs vary in different countries, in Finland they are about 6,5% of the pay bill.

3. The use of CBT during the training

3.1. The attitude towards the CBT

Pilot projects introducing CBT have been well accepted among the personnel. About 400 students have studied the pilot programmes, primarily with enthusiasm and with good or excellent learning results. Doubts do exist, however, whether technological barriers can be solved to give CBT a wider coverage. Today, access to a PC is limited to office personnel working in manufacturing units and headquarters and some regional offices of sales companies. KONE has its own data communication network that covers the majority on units but with a data transmission capability that is limited for CBT multimedia applications.

3. 2. The reason for introducing CBT

Personnel development and training in the KONE Group has many challenges. How to, for example, supply training for 16 000 persons working in elevator sales, installation and maintenance duties all over the world?

KONE works in tens of countries, has regional offices, district and local units. There are also great cultural differences between different companies. One can ask whether to supply any centralised training activities at all. Should all training be decentralised?

However, the company seemed to have a continuous need to ensure a consistent and sufficient technical competence for sales, installation and maintenance personnel. Often the geographical distance caused a problem for the implementation of that training as the subject experts were available in central locations only.

Individual companies needed more support for their training processes but a sufficient country-specific decentralised training solution would have cost a lot of money. The traditional training methods did not seem to work in the fragmented, complex business environment the KONE Group works in. A new approach was needed. The group decided to start studying the possibilities CBT could offer.

3.3. Implementation phase of CBT

It was the companies training centre in Hyvinkää that first started studying CBT in 1988. Two years were spent on evaluating different technologies. The increasing capacity of computers could already be seen, multimedia solutions started to appear on the market. A decision was made to keep up with the best technology available and not to satisfy with the îelectronic page turningî solutions. The development started with small scale CBT applications that gradually grew into major business based learning applications. Being an innovator was not always easy: most of the first small scale applications failed and the selected technological platform turned out to be a mistake. The technology was not the only critical issue. The development team and its capability turned out to be another. One person in the development team proved to be very valuable: in addition to his expertise in the subject matter of CBT, he had gained expertise in creating efficient technical communication material such as written training material and training videos. The team' s approach was to develop a totally new material using the potential of multimedia technology rather than to develop new technology leaving training issues to follow the technological issues.

3.4. The extent of the CBT use

The first two CBTs were ready in 1994. The first one was a CD-ROM introducing elevator know-how and technology to the new members of the KONE personnel. The second CD-ROM was targeted to specific needs of the installation and maintenance personnel, their trainers and subject matter experts.
The programmes have been available and have been distributed to all KONE companies world wide. Several hundred learners from all employee categories have studied the programs so far. The language support is limited to 3 languages at the moment.
Specific actions have been taken in five countries, Sweden, Germany, Great Britain, the United States and Australia which were chosen as pilot areas to test the new concepts like „front line training", „decentralised learning" and „self directed learning". In „front line training" – pilot countries the self directed learning supports other forms of training: high quality courses in Hyvinkää Training Centre for a small amount of people and local courses in the regional and the district level.

CBT has been tested more extensively in the pilot units. Obviously the interest is to see how CBT fits with different training strategies. Investigation therefore focuses on the most successful use and support of CBT.

3.5. CBT products being used

Besides the two CD-ROM programmes developed by the KONE group itself, the personnel has access to a range of standard multimedia products. The coverage is not very large because high quality programmes have only been available recently. Examples of commercial multimedia learning courses that have been used are: project management, communication skills and language training.

3.6. Way of CBT use

CBT can be used primarily in companies' head offices but in a number of regional and district offices as well. In the „front line training"-companies, specific learning centres have been established to make multimedia learning available for every employee.

CBT is used at training sessions, ordinary working time or at leisure time. The experience indicates that the most efficient way to use CBT is learning in pairs or in small teams supported by a facilitator.

Experiments have been done to encourage employees to use CBT independently, apart from the training sessions. In those cases the personnel is entitled to use half an hour each day in the learning centre and still get full pay. Usually that time is spent one morning or afternoon a week to make most out of the time allocated.

3.7. Results of CBT use

The objective of the CBT pilot project was to offer maintenance personnel more efficient training solutions. The experiences so far indicate that this objective will be met. In addition, the learners seem to prefer high quality multimedia learning applications when properly introduced and used.
The more specific objective to enable access from learning programme directly to electronic technical information and thus deepen the learning experience, has been only partly reached. This would, when implemented, offer a new dimension to learning of technical issues within KONE.

3.8. Costs, evaluation, cost-benefit analysis

The two pilot CBT programmes cost about FIM 1 million each. More than 400 students have already studied the programmes and the figure grows every year remarkably. Although the cost/effectiveness was not the key decision factor when starting the project the unit learning cost will soon go to a reasonable level. The two programmes have been re-evaluated in 1996 and the updating has started in 1997.

3.9. CBT use in the future

The KONE Group sees comparative advantage in investing in the new learning technologies to improve the quality and efficiency of the personnel training. The group has decided to continue to develop CBT applications to support the company's business requirements and challenges. In five years the field „personnel" will probably be equipped with multimedia PCs and the employees can enter the courses during their work. The technology is likely to be remarkably different from what it is today. The development of data transferring techniques and networks such as intranet will offer huge potential to CBT development. The question of the line between information and learning material is more and more important to companies like KONE group wanting to develop their own CBT programmes. Integrated multimedia based product information and training applications will soon be easily available. Creating learning material demands another approach!

Nokia Telecommunications Ltd[4]

1. About the company

Nokia Telecommunications Ltd, NTC, belongs to the Nokia Group, one of the leading telecommunication groups in the world. The net sales of the group were FIM 37 billion in 1995. NTC supplies advanced telecommunications infrastructure systems and equipment being used in fixed and mobile phone networks. NTC is one of the most important suppliers of digital GSM (Global Standard for Mobile) and DCS (Digital Cellular Standard) cellular networks and access networks. NTC has 13 000 employees, a third of the total number of persons working for the Nokia group.

2. Personnel development and training

Continuous Learning is one of the four company values (the three other values are Customer Satisfaction, Respect for the Individual and Achievement). Constant change in the telecommunications industry through deregulation, new technologies and services means that the NTC personnel must never consider that there is no room for learning and improvement.

The company has grown remarkably in recent years. 3.000 new employees were recruited in 1995 and more than 2.000 in 1996! Besides the rapid changes in business making continuous further training a necessity, the flow of newcomers gives great demands for the company training, too. The new employees must have proper introduction courses to the company values, working culture, products, tools and processes.

3. The use of CBT during the training

3.1. The attitude towards CBT

One part of the personnel is enthusiastic about CBT and the other part of the personnel is less eager to use new technologies in training. People tend to be quite demanding for the quality of CBT. Material which is regarded as „electronic books" is not valued high at all. People have seen high quality multimedia programmes and set standards according to them.

3.2. The reason for introducing CBT

It is natural for Nokia Telecommunications to develop the use of information technologies in company actions: networks for information technologies are one important product area of the company. Other reasons to introduce CBT exist, too. NTC is a global company. It has delivered telecommunications systems in more than 45 countries. One third of the 13 000 employees is working outside Finland. Being global makes CBT a necessary tool to improve the access to training. The personnel spends an important amount of time in traditional orientation training and in further training. CBT permits training to take place in the working place thus saving time from travelling to studying.

The other benefits of the CBT are:
- it is self-paced, the students can progress at their own pace
- high level of interaction improves learning motivation
- flexibility, students have access in any modules in any order at any time
- students can concentrate on the essentials and there is no need to cover topics they already know

3.3. Implementation phase of CBT

The implementation of CBT was started by the competence development department which is organizing training in co-operation with business units' training organizations, (of all training taking place about 80% is carried out by the business units training centres).

The Competence Development Department hired a person to study the possibilities of CBT in 1994. This person also evaluates and tests existing CBT courses.

The implementation is carried out with the help of the CBT guidelines-working group. The business units are represented in the group, because the most important step in the implementation phase is to get the commitment of the business units to the development of CBT. Business units are internal clients of the competence development department.

3.4. The extent of the CBT use

NTC has implemented CBT as a media to deliver solutions to some specific training needs. The share in costs of CBT in relation to the total further training ranges from 3 to 4% at the moment and the one in training days ranges from 6 to 8%.

3.5. CBT products being used

The most important CBT action so far has been the development of the CD-ROM „Understanding GSM". Two new big CBT development projects were started in 1996: a product introduction multimedia and a company introduction multimedia.

Personnel also has access to a wide range of standard multimedia products offered by world's leading suppliers.

3.6. Way of CBT use

Agreements on CBT courses vary. At least four different cases can be listed:

- NTC owns the CBT, no cost allocation is made to users
- NTC-wide unlimited license for limited time, no cost allocation is made
- NTC-wide license for limited number of users for limited time, cost allocation is necessary
- CBT can be delivered individually by purchasing order, cost allocation is necessary

The courses can be installed in network servers and the personnel can enter the courses at the place of work. CBT can also be used at PC-classrooms, which are found in most business unit locations. An alternative to a classroom PC is a standalone PC in a quiet environment.

CBT is marketed via an electrical training bulletin board available through the company's intranet real time globally. The CBT marketing information defines

- the contents of CBT
- what CBT is all about
- the potential users of CBT
- the prerequisite knowledge needed in order to get the most out of CBT
- any restrictions concerning the distribution of CBT
- price and licensing conditions
- instructions to the trainees how to get the most out of CBT
- estimated time in hours needed for the whole
- support persons

3.7. Results of CBT use

NTC has had good results in designing the CBT to be used in several different ways, in order to suit different learning styles:

- If the student already knows something of the content they are asked to do the „Course Test" first. Having completed the test it will identify which areas within the course the students need to study further.
- If the students only know a specific topic they go through the „Unit test" to measure learning.
- If the students need the whole course, they work through it from the beginning to the end.
- Once the students have completed the course, they do the „Course Test" to measure how much they have learnt.

Technical solutions do exist to let the training management to analyse and evaluate individual CBT use and test results via the company network. This analysis is not widely used because people prefer to test their knowledge and report their results themselves. Too close a follow-up would prevent people from using the programmes!

3.8. Costs, evaluation, cost-benefit analysis

Before buying the CBT product it is essential to evaluate the material. The evaluation is made by a group of people (evaluation team), which includes representatives from training staff, technical staff and potential user group.

3.9. CBT use in the future

The development of CBT is closely linked to the development of modern data transformation techniques and to the development of intranet allowing global company-wide access to different data banks and services. NTC specialists believe the development will be fast. At NTC, the costs of CBT will rise to 5% of the total training costs in 1997 and the CBT volume will rise to 10% of the total training days. In 2005 the share of CBT can be up to 30% of the training days. In 2010 the keyword is no more CBT but VR, Virtual Reality. NTC has already started studying VR training approaches in technical training and is co-operating with a local technical institute to develop VR solutions. VR technologies makes CBT close to simulation. The trainee decides how to move in the three dimensional training space. In technical training simulation gives a huge advantage: virtual reality replaces the material, equipment and products „wasted" in traditional training.

Schulungszentrum Fohnsdorf[5]

1. Zum Unternehmen:

Das Schulungszentrum Fohnsdorf wurde vor 22 Jahren (5. November 1975) gegründet und expandierte vor allem in den letzten Jahren stark. Erst im Herbst 1996 wurde ein großer Zubau eröffnet.

Das Schulungszentrum hat zwei Arbeitsschwerpunkte:
- Erstausbildung, Umschulung und Schulung zum Erwerb eines Lehrabschlusses. Dieser Bereich umfaßt etwa 30% der Schulungstätigkeit.
- Weiterbildung und Höherqualifizierung. Voraussetzung sind eine abgeschlossene Lehrausbildung oder weiterführende Schulausbildung. Dieser Bereich macht etwa 70% der Aktivitäten des Schulungszentrums aus.

Die Schulungsteilnehmer sind ausschließlich Erwachsene, die entweder im Rahmen von Förderprogrammen des Arbeitsmarktservices (AMS) Schulungen besuchen oder Beschäftigte, die sich – vom Betrieb freigestellt oder in ihrer Freizeit – weiterbilden. 20% der Teilnehmen wohnen in der Region, die anderen 80% kommen aus anderen Teilen der Steiermark und ganz Österreich. Beim Besuch von länger dauernden Ausbildungsgängen haben sie die

Möglichkeit, im angeschlossenen Internat oder in Privatquartieren in Fohnsdorf zu wohnen.

Das Schulungszentrum bildet auf vielen Gebieten aus. Ausbildungsschwerpunkte sind die Bereiche Metall, Büro, Fremdsprachen, Elektronik, EDV, Schweißtechnik, CAD/CNC, SPS, Gastgewerbe. Pro Tag sind etwa 450 Teilnehmer von AMS Förderprogrammen und ca. 100 Personen, die sich neben ihrer Berufstätigkeit weiterbilden, im Haus. Das Zentrum hat 150 ständige Mitarbeiter und ca. 70 Referenten aus der Wirtschaft, die auf Basis von Werkverträgen unterrichten. Darüber hinaus initiiert und beteiligt sich das Schulungszentrum Fohnsdorf an Projekten, die sich mit methodisch-didaktischen Themenstellungen befassen.

2. Einsatz von CBT

Vor etwa 4 Jahren wurden erste Überlegungen über den Einsatz von CBT in der Schulung gemacht. Seit 2 Jahren ist CBT ein essentieller Bestandteil. Die Akzeptanz von CBT bei den Mitarbeitern war unterschiedlich; zum einen waren bei einigen Mitarbeitern des Schulungszentrums gewisse Hemmungen vorhanden, sich mit diesen Lernprogrammen auseinander zu setzen, weil sie einerseits nicht überzeugt waren, daß diese Lernform effektiv ist und andererseits weil diese Art des Lernens auch eine neue Form des Lehrens verlangt. Andere Mitarbeiter wieder schätzen die Auseinandersetzung mit dieser neuen Lern- und Lehrmethode.

2.1. Gründe für die Einführung von CBT

Die Gründe für die Einführung von CBT waren einerseits die Vorreiterposition, die ein Schulungszentrum wahrnehmen soll. Andererseits hat das Schulungszentrum Fohnsdorf ein flexibles modulares System entwickelt, das einen wöchentlichen Neueinstieg in die Schulungsprogramme ermöglicht. Diese Flexibilität ist nur praktizierbar, wenn Teile der Lerninhalte im Selbstlernverfahren erworben werden können.

2.2. Implementierungsphase

Der Kostenfaktor war während der Implementierungsphase kein Problem, vielmehr war die Auswahl der richtigen Software sehr schwierig und aufwendig. Es wurde versucht, durch Besuch von Messen, Expertengesprächen, Aus-

probieren von Testversionen etc. die passenden Programme zu finden.
Folgende Kriterien waren für die Auswahl der Software ausschlaggebend:
- Es müssen Aufgaben sein, die bearbeitbar sind, kein bebildertes Skriptum.
- Die Ergebnisse der Lernschritte müssen überprüfbar sein.
- Der Einstieg erfolgt über den Wissensstand des Lernenden.
- Individuelle Benützung muß möglich sein, d. h. von jeder Lerneinheit kann man jederzeit zu einer anderen wechseln.
- Interaktivität muß gegeben sein.

2.3. Zum Ausmaß des CBT-Einsatzes

Das Ausmaß, in dem CBT in der Schulung eingesetzt wird, liegt bei 2 bis 4 Stunden bezogen auf 38 Wochenstunden, also etwa bei 5 bis 10%. Das heißt, CBT wird unterstützend eingesetzt. Die Schulungsleitung glaubt auch nicht, daß sich dieser Anteil in Zukunft wesentlich erhöhen wird.

Der Anteil von CBT-unterstütztem Lernen ist aber abhängig von den vermittelten Inhalten. So ist etwa beim Erlernen von Fremdsprachen der CBT-Anteil höher, ebenso bei Automatisierungstechnik oder Elektronik, wo viel mit Simulationen gearbeitet wird. Hingegen ist bei der Facharbeitergrundausbildung der CBT-Einsatz geringer, da diese Ausbildung einen großen Anteil von praktischen Arbeiten beinhaltet. CBT hat hier nur Ergänzungscharakter.

Eine über das erwähnte Ausmaß hinausgehende Nutzung von CBT-Programmen ist allerdings möglich und erwünscht. Den Teilnehmern stehen die Selbstlernprogramme täglich von 6 bis 22 Uhr kostenlos zur Verfügung. Dieses Angebot wird auch angenommen, vor allem von Personen, die im Rahmen eines länger dauernden Kurses vor Ort wohnen.

2.4. Eingesetzte CBT-Produkte

Eingesetzt werden großteils angekaufte Programme. Im Rahmen von EU-Projekten werden aber auch CBT Programme entwickelt.

In Zukunft werden im Rahmen von Telekommunikation vor allem Telelearning und Videokonferenzen zum Einsatz kommen. In fernerer Zukunft ist an virtuelle Unternehmen gedacht.

2.5. Einsatzformen

CBT wird im Schulungszentrum eingesetzt:

2.5.1. Als diagnostisches Tool
Bevor eine Ausbildung im Schulungszentrum Fohnsdorf begonnen wird, besuchen die Teilnehmer die Info-Woche, in der sie unter anderem auch den ersten Kontakt mit dem Selbstlernzentrum knüpfen. In der Gruppe können sie die vielleicht vorhandene Hemmschwelle vor dem PC leichter überwinden. In einem Einstiegsmodul wird – in Hinblick auf den späteren Unterricht – ihr Wissens- und Kenntnisstand geprüft. Teilnehmer, die das gleiche Lernziel haben, bleiben oft unterschiedlich lange im Schulungszentrum, da sie einerseits von unterschiedlichen Levels ausgehen und andererseits unterschiedliche Fortschritte machen. Diese individuelle Ausbildungform ist durch das flexible, modulare Lernsystem möglich. Mit jedem Teilnehmer wird ein Ausbildungsvertrag abgeschlossen, in dem die Inhalte und eine – jedoch flexible – Zeitspanne fixiert sind. Aus dieser Struktur heraus gibt es daher keine Klassen, nur flexible Arbeitsgruppen.

2.5.2. Zur Vermittlung von Fachwissen
Im Sprachbereich ermöglichen interaktive Programme z. B. die Aussprachesschulung oder das gezielte Ausmerzen bestimmter Defizite, beim Schweißen wiederum kann man die Theorie schrittweise lernen und jeweils gleich in die Praxis umsetzen bzw. kann man mittels Simulationen die Auswirkungen falscher Einstellungen deutlich machen. Im EDV-Training können z. B. Festplatten zerstört werden, ohne die praktischen Folgen wirklich zu spüren. Wichtig für ein erfolgreiches Lernen ist der Übergang von CBT zur Praxis. Die unmittelbare Umsetzung des Gelernten regt zum Weiterlernen an.

2.5.3. Zum Erwerb von Schlüsselqualifikationen
Schlüsselqualifikationen, wie z. B. Teamfähigkeit, können an bestimmten Problemstellungen trainiert werden. So gibt es für das Gastgewerbe ein Programm zu den „Benimmregeln", an dessen Ende ein Abschlußspiel steht, das 5 Personen gemeinsam durchspielen können und so ihr Wissen und ihre Sozialkompetenz an einer nahezu realen Situation anwenden können.
Andererseits gibt es bei Selbstlernprogrammen immer wieder das Problem, daß einige Anwender nicht in der Lage sind, das Programm alleine zu bewältigen. So kann im Teamlernen ein Student auch fallweise zum Trainer für einen Kollegen werden. Dadurch wird praktisch nebenbei soziale Kompetenz vermittelt. Außerdem wird durch die Möglichkeit des eigenständigen Anordnens von Lernschritten die Selbständigkeit und die Struktur des Denkens mittrainiert. Nebenher werden die Teilnehmer mit dem Umgang mit neuen Medien und neuen didaktischen Methoden vertraut gemacht.

Durch die **Kombination mehrerer Lernformen,** in denen sowohl fachliche also auch persönlichkeitsbildende Inhalte vermittelt werden, ergibt sich ein sehr guter Schulungserfolg. Zuletzt lag die durchschnittliche Vermittlungsquote jener Teilnehmer, die zum Kurszeitpunkt arbeitslos waren, bei 81%, in manchen Hochtechnologiebereichen sogar bei 100%.

Weiters konnten mit CBT neue Zielgruppen angesprochen werden.

Die eine Gruppe umfaßt Personen, bei denen deren Spieltrieb angesprochen wird. Ein erster Schritt zu CBT ist hier das Spiel gegen den PC, nach und nach können diese Personen in ein gezieltes Training eingebunden werden. Daher ist der Eröffnungsteil jedes CBT-Programmes von besonderer Wichtigkeit.

Zu einer weiteren Gruppe gehören jene Personen, die räumlich oder zeitlich gebunden sind. Im heurigen Frühjahr wurde ein Versuch mit 10 interessierten Wiedereinsteigerinnen gestartet, die ihre CBT-Schulung an einem vom Schulungszentrum zur Verfügung gestellten PC zu Hause abwickeln könnten. Es steht ihnen jedoch auch täglich von 6 bis 22 Uhr ein Trainer für telefonische oder persönliche Beratung und Begleitung im Schulungszentrum zur Verfügung.

2.6. Zukünftige Entwicklung von CBT

Die zukünftige Entwicklung von CBT wird in der dezentralisierten Anwendung liegen. Es wird ein Lernzentrum geben, das in permanenter Verbindung mit Ausbildungsplätzen zu Hause, in der Firma oder in verschiedenen Ausbildungsstätten steht.

Die PCs werden vernetzt sein, um so einen gemeinsamen Zugriff zu den CBT-Programmen möglich zu machen, so daß Lernende auch untereinander kommunizieren oder miteinander lernen können. Videokonferenzen stellen eine potentielle Möglichkeit der Kommunikation dar. Ein zusätzlicher Nutzen dieser vernetzten Lernorte wird in der Möglichkeit für Firmen gesehen, spezielle Probleme gemeinsam mit Experten zu lösen, d. h. man wird online lernen und arbeiten. Ein Projekt, bei dem via Internet eine Kooperation mit Firmen aufgebaut wird, läuft derzeit an.

2.7. Resümee

CBT ist ein wichtiger Bestandteil für eine flexible, zielorientierte Schulung, kann aber immer nur ein unterstützendes und begleitendes Instrument sein.

Seine Wirkung wird in der Kombination mit der praktischen Umsetzung des Gelernten und in der wiederkehrenden Reflexion mit Trainern und Kollegen deutlich. CBT ist eine Lernform, die individuelle Stärken und Schwächen berücksichtigt, sowie örtliche Barrieren überwindet. Beim Einsatz von CBT ist aber unbedingt zu beachten, daß Lernziele definiert werden und daß die dazu notwendigen Lernfortschritte regelmäßig überprüft werden, sei es nun durch Trainer oder auch mittels der CBT Programme selbst.

Oberösterreichische Kraftwerke AG (OKA)[6]

1. Zum Unternehmen

OKA Oberösterreichische Kraftwerke Aktiengesellschaft erzeugt für das Bundesland Oberösterreich elektrische Energie und verteilt sie auf etwa 400.000 Haushalte und die Industriebetriebe. Weitere Beteiligungen der OKA – neben den Kerngebieten Elektrizitätsversorgung und Gas- und Wärmeversorgung – sind in den kernbereichsnahen Geschäftsfeldern Abfallwirtschaft und Telekommunikation. Die Zentrale ist in Linz beheimatet. Zur Verbesserung der Kundenorientierung gibt es eine verzweigte Außenstellenorganisation. OKA ist ein Betrieb der Landesregierung. Im Geschäftsjahr 1996 lag die Stromaufbringung bei 6.100 Mio. kWh, die Bilanzsumme betrug 18.150 Mio S. Der durchschnittliche Mitarbeiterstand betrug im selben Jahr 2.300 Personen, davon waren ca. 65% Angestellte, 32% Arbeiter und 3% Lehrlinge. In einem Szenario notwendiger Effizienzsteigerung stellten Motivation und Qualifikation der Mitarbeiter Ziele höchster Priorität für die OKA dar. In Summe beanspruchten im Jahr 1996 2.178 Mitarbeiter die angebotenen 231 Seminare. Zusätzlich wurden Seminare, Symposien und Fachkonferenzen besucht und die Angebote von CBT-Programmen in Anspruch genommen.

2. Einsatz von CBT

OKA bietet ihren Mitarbeitern ein umfangreiches innerbetriebliches Bildungsprogramm, welches neben Fachseminaren auch Maßnahmen zur Persönlichkeitsentwicklung beinhaltet.
Seit 1991 wird auch computerunterstütztes Lernen angeboten. Die Akzeptanz bei den Mitarbeitern war unterschiedlich; die Angestellten, von denen praktisch jeder einen PC zur Verfügung hat, setzten sich mehr mit dieser Lern-

form auseinander als die Arbeiter (PC-Dichte: 1.500 Stück für 2.300 Mitarbeiter). Begonnen wurde mit klassischen CBT-Programmen auf CD-ROM. Der nächste Schritt war eine konzerninternes Netzwerk. Derzeit wird an der Erstellung eines Intranetzes gearbeitet. Die auf „Winword" und „Toolbook" basierenden Applikationen sollen auf HTML transponiert werden. Die CBT-Ausbildung der OKA ist modular aufgebaut, sodaß die Schulung den spezifischen Anforderungen gerecht werden kann. Jedes Modul für sich ist wieder detailliert beschrieben; es enthält Informationen über die Lernziele, die Inhalte, die Lernmethode, den Trainer, die verwendeten Medien und den Abschlußcheck.

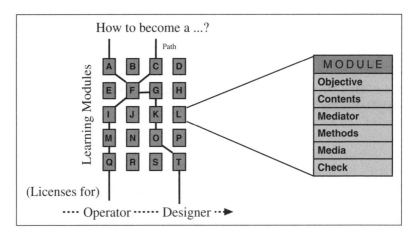

2.2. Gründe für die Einführung von CBT

Zu Beginn der 90er Jahre vollzog sich der große Umstieg auf das Arbeiten mit PCs. Viele Mitarbeiter mußten Schulungen im Bereich EDV durchlaufen. Dabei schien eine CBT-unterstützte Ausbildung als zielführend. Daher wurde in Eigenentwicklung eine CD-ROM „EDV-Grundlagen" zum Selbststudium hergestellt. Trotz hoher Produktionskosten (ca. 1 Mio. S) wurde der „return on investment" als gut beurteilt. Es wurden auch Großrechnerprogramme entwickelt, die jedoch nicht mehr eingesetzt werden, da heute von der überwiegenden Zahl von Mitarbeitern ausschließlich an PCs gearbeitet wird.
Für einen großen Teil der Belegschaft ist diese Lernform Neuland. Fast zwei Drittel des Vertriebspersonals hat noch nicht mit CBT-Programmen gelernt.

2.3. Eingesetzte CBT-Produkte

Am Beginn, im Jahr 1991, wurden klassische CBT-Programme auf CD-ROM für die Bereiche EDV-Grundlagen, OKA-Geschichte und Betriebswirtschaftliche Grundkenntnisse im Unternehmen entwickelt. Diese Programme sind derzeit noch im Einsatz, werden aber nicht mehr aktualisiert. Sie stehen auf 60 Servern mit 1.500 angeschlossenen PCs den Mitarbeitern in den Zentralen Linz und Gmunden zur Verfügung. Weitere drei CD-ROM, „word", „excel" und ein Sprachprogramm (Englisch), die allerdings zugekauft wurden, können lokal verwendet werden.

Zusätzlich gibt es Computerunterstütztes Lernen am OKA-Netzwerk. Hier handelt es sich vor allem um Grund- und Aufbaukurse im EDV-Bereich, z. B. Datenbank-Grundlagen, ACCESS, Designer. Diese Programme laufen über einen zentralen Server, was eine sehr langsame Übertragungsgeschwindigkeit – insbesondere bei Animationen – zu den Außenstellen mit sich bringt.

Daher strebt OKA derzeit eine Intranet-Lösung an. Ein Projektteam ist mit dem Umbau befaßt. „Knowledge Management based on Intranet" soll ab November 1997 einsatzbereit sein.

2.4. Art des CBT- Einsatzes

CBT-Programme werden in Kombination mit Seminaren eingesetzt. Die Teilnehmer verlangen auch nach schriftlichen Unterlagen, verwenden diese jedoch eher selten. Auch die elektronischen „Help-Programme" werden nur selten in Anspruch genommen. Vielmehr wird der Trainer zu Rate gezogen. Der überwiegende Teil der Lernenden – etwa 80% – bildet sich in der Arbeitszeit weiter.

Zumeist handelt es sich um CBT-Programme, die sich mit EDV Schulungen befassen.

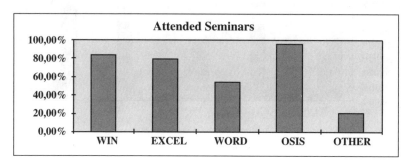

Die Zufriedenheit mit den CBT-Programmen ist sehr hoch, besonders bei den „Sonstigen Programmen", bei denen es sich vor allem um Sprachprogramme handelt.

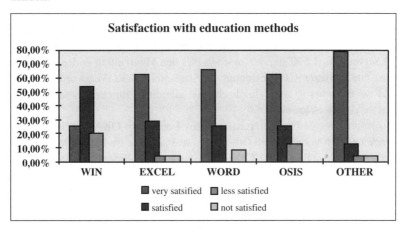

2.5. Kosten/Nutzen-Analyse

Unternehmenseigene Entwicklungen von CBT-Programmen bzw. CD Roms werden aus Kostengründen nicht mehr gemacht. Fertige Programme werden angekauft und z.T. adaptiert, wobei auf aufwendige Animationen immer mehr verzichtet wird.

Der Einsatz von CBT-Programmen vermindert bei der Schulung von Mitarbeitern im Vergleich zu Schulungen in Seminaren zusätzliche Kosten wie Hotel-

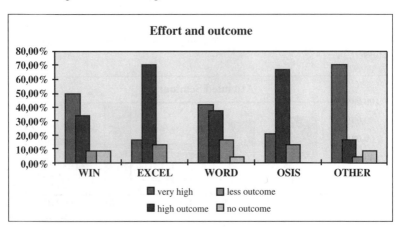

und Reisekosten. Weiters konnte festgestellt werden, daß z. B. „supralearning"-Seminare, die früher 4 Tage dauerten, auf 2 Tage verkürzt werden.

Nach Aussagen der Teilnehmer ist das Verhältnis von eingesetzter Energie und erzieltem Effekt ein sehr positives. Das Lernen mit CBT wird sehr gut angenommen.

2.6. Zukünftiger CBT-Einsatz

Die Kerneinsatzbereiche von CBT-Programmen werden in der Präsentation, im Training und in der Verifizierung des Gelernten liegen. Da alle Lernprogramme „multiple choice tests" beinhalten, ist es ein Wunsch der Personalentwicklungsabteilung, daß die Mitarbeiter diese Testergebnisse an die PE-Abteilung übermitteln. Diesem Wunsch kommen aber nur wenige Mitarbeiter nach, obwohl sich der Nachweis eines Trainingserfolges z. B. für den innerbetrieblichen Aufstieg günstig auswirkt. Der Nachweis von positiven Testergebnisse ist nur dort verpflichtend, wo mit dem Absolvieren eines Lehrgangs Berechtigungen verbunden sind, z. B. beim Schaltwärter.

CBT-Programme weden in Zukunft sicher ihren Platz in der Schulung von Mitarbeitern haben, jedoch werden auch die traditionellen Lernformen weiter bestehen bleiben. Eine ausgewogenen Kombination aus beiden scheint am zielführendsten.

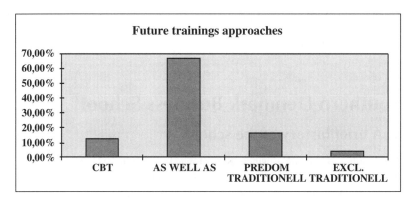

Daß die OKA-Mitarbeiter neuen Medien generell aufgeschlossen gegenüberstehen, beweist die hohe Akzeptanz einer elektronischen Info-Zeitung.

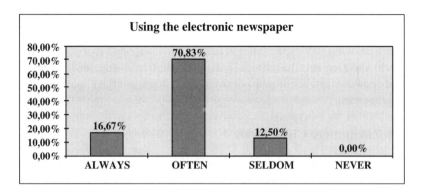

3. Resümee

CBT-Programme sind ein essentieller Bestandteil der Schulung von OKA-Mitarbeitern. Sie sind aber zumeist in Kombination mit den sogenannten „traditionellen" Schulungsmethoden im Einsatz. Vermehrt sollte in Zukunft die Möglichkeit der Evaluierung des Gelernten mittels der in den CBT-Programmen vorhandenen Tests genützt werden.

Da OKA ein weitläufiges Außenstellennetz hat, ist eine technische Lösung, die ein rasches Zugreifen aller Mitarbeiter auf die Programme ermöglicht, notwendig. Daher werden ab November dieses Jahres die CBT-Programme bei OKA via Intranet abrufbar sein.

Quellenverweis für alle Abbildungen:
OKA Supply Utility „Austria" by M. Litzlbauer

Southern Denmark Business School[7]

1. A brief history of the school

The Southern Denmark Business School was founded in 1984. Thus the Southern Denmark Business School is the youngest of the twelve university institutions in Denmark. With approximately 3.500 students, the Southern Denmark Business School is the smallest of the three business schools in Denmark.

2. Distance Learning

The School has four departments, in Esbjerg, Kolding, Sønderborg (all in Denmark) and Flensburg (Germany). This decentralised structure has advantages and disadvantages. The fact that the educational departments are spread all over the region is advantageous for business people who wish to further their education, but on the other hand the relatively small groups of day-time students in some special subjects cause problems, and this is one field where CBT is used.

The Southern Denmark Business School comprises two faculties: the Faculty of Business Economics and the Faculty of Modern Languages and LSP. CBT is used in the last-mentioned faculty. This faculty includes three departments:

Department of Modern Languages and Lexicography in Esbjerg
Department of Modern Languages and Language-Technology in Kolding
Department of Modern Languages and Communication in Sønderborg

The Faculty of Modern Languages and LSP offers BA and MA courses in modern languages and in-service training at evening courses at the teaching locations or as CBT courses at home.

The other important task of the Business School is research and the development of research centres. From the time when the School was founded in 1984, a great deal of effort has been put into research activities. One of the main research subjects is Language Technology.

CBT Learning is accepted by parts of the staff – i.e. by those members of the staff who see the potential in the role of computers in language teaching. CBT is not only accepted – actually it is highly welcomed – by managers and top management. Yet some undergraduates have become rather frustrated because of technical problems with the distance learning software system.
The *reasons for introducing* CBT were the following:
- Some staff members recognised the potential of CBT, i.e. computers are better than teachers as far as routine problems are concerned.
- The time factor was important. Time spent on routine teaching could be spent on more interesting things.
- The principal advantages are seen in such topics as grammar, factual knowledge, but some staff members also see possibilities in other areas such as subjects for debate: politics, commerce, etc.

The *introduction* went relatively smoothly. Students welcomed the new „toy", and realized relatively quickly that CBT could compete with normal teaching/learning.

The *target groups* of CBT training are
* staff requiring language tuition, who are currently employed in trade and industry
* undergraduates requiring tuition in specialised subjects to complete their degree

The teachers themselves are responsible for the development of the teaching material. The Southern Denmark Business School has bought the software-system for distance learning (called EDWIN) from another institution. However, this system has to be improved.

The School uses grammar programmes and programmes on economics, politics, technical and legal language. The teachers develop their own teaching programs.
CBT is used by students at school or at home and by language staff in trade and industry at home or at work.
A main objective was to make grammar „lively". That objective has been attained. Students working with CBT outperform students who do not.
Costs are relatively high, but if the programmes are used by enough students over time, the result of the cost-benefit analysis will be extremely favourable.

3. Multi-Media Learning

In addition to distance learning, as described above, the Southern Denmark Business School has also experimented with Multi-Media Learning. Members of staff at the Business School have recently produced a CD-ROM for the teaching of Danish as a foreign language in co-operation with the Institute For Theoretical And Applied Informatics.

The target group is German students without previous knowledge of Danish who enrol in the Danish-German cross-border course of study „Betriebliche Bildung und Management", which is situated in Flensburg and conducted in co-operation with Bildungswissenschaftliche Hochschule Flensburg – Universität and the Southern Denmark Business School.

The CD-ROM „This Is Danish" is conceived as an introduction to the Danish language and provides training in the 'listen – read – understand' mode and active participation in speaking and writing exercises. The CD-Rom uses situations relating to the commencement of a course of study as its theme, and like this acts as an introduction to the new academic environment and its demands.

At present „This Is Danish" is used as a supplement to elementary language instruction. But in the longer term (that is to say, when the technical prerequisites such as CD-ROM slot and sound card can be taken for granted) it is intended that the CD-ROM will be sent out to students before the course begins. This will mean that students can be assumed to have some elementary knowledge of Danish when they begin the course, and will improve the rate of progress in language study, which commences with a four week intensive course. It is expected that this practice will make instruction more effective, and allow the students to reach a higher standard of Danish in the introductory course.

The *advantage* of teaching by using a CD-ROM rather than language laboratories is the exploitation of simultaneous output of speech and texts, which is particularly important in a language like Danish, where the relations between graphemes and phonemes are very complicated. Another advantage is flexibility: partly the flexibility that arises from the fact that the student can click in to a dialogue and choose whichever role he wishes for himself: partly its geographical flexibility, in the way that the student can borrow the CD-ROM and practice at home or in one of the school's EDP workshops; and finally, the educational flexibility given to the student to determine the tempo and progress of the instruction himself.

As yet we do not have a great deal of experience regarding students' attitudes towards working with a CD-ROM. We have noted that so far, since October 1996, borrowers of CD-ROMs have been the most active and motivated students.

In March 1997 a series of experiments were carried out in which a limited number of students was monitored by television cameras while working with the CD-ROM. These observations are a preliminary to the research project did-it, which stands for Methodology for integration of informatics in foreign language teaching at the Southern Danish Business School. This project originates in the need for evaluation of work in this field up to the present time.

Additionally the project is to ensure the best possible basis for the production of multi-media programmes, and at the same time contribute to the establishment of an informed background for future decisions relating to the use of informatics-related media in teaching.

The first stage of this survey will be an observation of the target group's actual use of existing materials. Comparisons with other multi-media programmes will then be carried out, and evaluations of methodology will be given careful consideration.

The stages of the *evaluation* can be listed as follows:

- applications in teaching
- observations of the target group's actual use of the material
- comparison with other similar multi-media programs
- improvement in design of the programme
- recommendations and suggestions regarding development of future multi-media programmes for use in foreign language teaching at the Southern Denmark Business School

Further to this the possibility of extending instruction in written and oral communication skills in the existing programme will be examined. A series of investigations is planned to explore the possibility of supplementing the auditive and visual basis of pronunciation training in the existing programme so that it can be used by individual students to carry out self-diagnosis in connection with personal pronunciation practice. This can partly operate through auditive comparison between the students' and a native speakers' pronunciation – which is already in use – but it can, for example, partly be effected by a visual comparison between students' and native speakers' intonation curves in various types of sentences.

Development of material of this kind is, of course, very expensive, and a precondition for further development will therefore be dependent on successful application for financing.

However, the object of producing the existing CD-ROM has not been to save or earn money, but to solve an acute problem in language instruction for a particular group of students who begin a course of study in three languages (Danish, German and English) without previous knowledge of one of the three. In addition it has been the intention of the Southern Denmark Business

School to collate experience in the use of CBT as a multi-medial method of instruction. The School hopes that this will also enable it to accumulate experience which can be used to improve distance learning. After the assessment and improvement stages, which it is presently engaged in, the fully developed system and its design features might then be used as a basis for the composition of tailor-made language courses, for example for use by large business concerns.

Scandinavian Airlines System
An Interview with Mr. Tom Zöllner
1. Please describe your company and your involvement in its training programmes

Scandinavian Airlines System is a very large airline with 20.000 staff spread over a very large geographical area. Its departments are situated in various cities in a number of countries. Many of the staff are Scandinavians, but many other nationalities are represented. This creates a lot of problems regarding training of personnel. Trainees come from different departments, speak different languages and there are cultural differences to be considered. Courses are required for flight training, for maintenance (carried out by mechanics and electricians), for staging (processing of passengers at check-in areas), for load control and for sales agents.

Scandinavian Airlines System could therefore be described as a number of companies operating within a company. Each has different requirements, some regulated by government control, some by local authorities, and some based on international agreements whose regulations apply not only to SAS, but to other companies and foreign governments. This situation creates many complex demands which must be complied with, and training staff is not confined to the requirements of SAS, but may, for example, originate in requirements made by American aviation authorities. In addition, whenever a new aircraft is introduced, new skills have to be learned. So SAS has a long record of staff training procedures.

I joined the company in 1966 and began as a mechanic working on aircraft, became a technical instructor and later from 1986-87 worked in what was known as the Flight Academy, where I was involved with CBT, which SAS introduced in order to make a more efficient, economical and flexible system, whereby pilots could use computers to train themselves before proceeding to flight simulator training. This made it possible to cut down the number of instructors and develop flexible schedules for trainees.

At the same time the maintenance training department also began to take an interest in CBT, not in this case to reduce instructor hours, but to represent complex aircraft systems which are difficult to display on O.H.P.'s. What was needed was to allow mechanics to work on simulations in classrooms so that they could learn to identify failures which would otherwise have had to be introduced into real aircraft in the hangars.

A third area of SAS training which began to make use of CBT was Load Control. The use of computerised programmes avoided the practical difficulties of incorrectly loaded real aircraft by simulating faulty distribution of passengers and cargo and its consequences. Programmes were devised so that the trainee could load an aircraft, make the calculation and ensure that the plane was airworthy. CBT was also used for several years for training cabin staff in emergency procedures.

These training departments made different demands on CBT, and accordingly different techniques were used in order to create programmes. Some were based on the electronic page turner, which the student clicks to move forward to the next information stage. Some incorporated a video, because the video sequences can be played over several times as the trainee works out answers to integrated questions. Some programmes present simulated documents for the trainee to work on.

It follows, then, that CBT is used by SAS in many different contexts and in different ways. Many people are not aware of this, and only know what is being done in the area they are familiar with. They think they know what it's all about, when they have actually only seen one short programme.

In order to put this right, disseminate information and produce CBTs, videos and presentation material for the whole range of SAS training areas, our department, the SAS Multimedia Group, was set up in the late 1980's as part of the Technical Training Department. Two years ago we were detached from the TTD and became a fully independent group with a staff of 10. We now have a range of products that goes far beyond the conventional page-turning programmes. We can provide full simulations of an entire job, and are working on training evaluation programmes, which will provide statistical information on trainees' progress in mastering their skills. The company needs to know how well the staff is performing, because the old system, which turned out skilled personnel by putting them through a course, did not measure the practical skills that were developed during work experience. To include this dimension we want to develop programmes that will enable the trainee to acquire that experience by letting him encounter the problems which were formerly met only in the course of years of practical work. Many such programmes are similar to games, and we describe them as „case oriented". They demand the solution of a particular situation, unlike those which are simply informative. Case oriented programs allow trainees to learn from their mistakes, and if they try to cover up the mistakes, the programme will expose them. The programme monitors their progress continuously, assesses their performance and their use of other training methods, such as instruction manuals, which are not themselves part of the programme.

2. What attitude to CBT do you find within the company?

Attitudes to CBT differ greatly. Some areas have not yet encountered it; they have heard of it, but don't believe in it. Some parts of the company, on the other hand, have been making use of it for ten years now. The staff were slow to accept CBT, and when it began, there was resistance to it from trainees, who objected to failing the tests. Some programmes were boring and there were complaints that the electronic page turning did not stimulate the students. The criticism was fair: the early programmes were primitive and inflexible, the technology level was low, machines 286/386 were not fast enough and the screen size, limited colour and low resolution meant that the images were not clear enough. This was why the new technique was resisted in the early days, although people were fascinated by it.
In the late 80's, when the project began, many managers considered that CBT was a very expensive investment, because the company did not have hardware in the classrooms or on site, so if CBT was to be used in training, it had to be bought in – and with one class in Copenhagen, one in Stockholm and one in Oslo, there had to be three sets of equipment – and each class required twenty stations. The result was a large expenditure, and attempts were made to justify this on the basis that sufficient hours of instruction could be saved to repay the investment within two years. This primitive accounting was supported by new arguments, pointing out that the price of an aircraft accident was very much higher, and that the airline's image would also be seriously damaged. It was suggested that CBT should therefore be directed towards sensitive

areas such as pilot training and emergency procedures. By the late 1980's the company had planned long-term strategy for CBT in its training, and although there is still hostility towards it in some areas, trainees are free to study as they think best.

3. Why was CBT introduced?

When CBT was introduced there was no overall plan, and in the mid 1980's different reasons were put forward by various departments. The extent to which CBT is used is a matter for each department to decide for itself, but all departments are required to produce training schemes.

4. How far has implementation of CBT progressed?

The implementation phase of CBT is a continuing process. Whereas some departments have employed it for ten years, some have still not begun to use it. But I feel sure that all departments will use it in the future. Each department, however, will have its own programmes, because each is specially designed for a specific department, and each department has its own requirements with separate cultural development and idiom.

5. To what extent is CBT used?

Nearly all SAS staff have experienced CBT in further training, but the rate of expansion has been slow. Because of the heavy initial investment all trainees did not have PCs when CBT was introduced, but now they are all equipped to use it. It is not possible to calculate the cost of the element of CBT in relation to total training costs, because when each department requires CBT, the costs depend on the design, tasks and extents of the CBT input in the course. Some use CBT exclusively, others a combination of methods and some, at present, use no CBT. CBT is mainly used during working hours, but a trainee can use our CBT programmes at home if he or she wishes.

6. Which CBT products are in use?

SAS uses various CBT programmes and products. Some are bought in, others developed by our own departments. For flight training we purchased WICAT and TRO, which were developed in Canada and the USA – as you can see, there are many different cultural inputs.

7. In what ways does SAS use CBT?

SAS uses CBT in a number of different ways. It is used in our training centres, and some members of our staff use the programmes in their free time. We have standard programmes which simply deliver information and others with inter-active training. Of course instructors are employed, as they have to control the programmes.

8. What can you tell us about costs, evaluation and cost-benefit analysis?

The costs of CBT are very high. But in the long run CBT usually saves money. This means that it demands high initial investment followed by lower maintenance, whereas conventional training courses can be costed uniformly with regard to teaching hours and number of students. CBT actually works out more cheaply than conventional methods.

In any case, in some areas, for example safety security, there is no choice. If our staff cannot meet safety requirements, we cannot run an airline. Similarly in the case of security problems concerning dangerous goods, travel documents, visas, tickets, and the penalties that can be imposed on airlines that do not carry out the appropriate checks to ensure that the documents are in order. SAS has been trying to assess the benefits of CBT, but this is not being carried out as a top-level accounting exercise. Assessment is made further down in the organisation, in training schools and production units. It is not a systematic rating of the cost-effectiveness of CBT use, and is mainly a discussion exercise. What happens is that trainee mechanics or load controllers or service staff talk things over with their instructors and the customer they are to serve. They then come and discuss their CBT requirements with us. The emphasis is not on structured presentations, but informal exchanges related to our mutual interests. We are all concerned that the company should run effectively, we want staff who attend a course to receive good training, we all want our aircraft to fly safely. So we do not have an overall CBT strategy which would lead to cost-benefit analysis. Each department takes responsibility for its own requirements.

9. What future do you see for CBT?

I believe that there will be increased emphasis on proficiency checks. We want to establish methods to check our staff's ability to perform at the highest possible level. Years ago technical problems were commonplace, there were frequent delays caused by weather problems, system breakdown, staff arriving late and so on. But during the past ten years aircraft have become very reliable. Aeroplanes do not break down, and systems do not fail so that at least 90% of all operations are problem-free.This means that staff do not encounter discrepancies, everything runs normally, and so, when a problem arises it comes as a great surprise. But we still expect our staff to solve it. In the old days pilots fought their way through thunderstorms and bad weather and their job needed a great deal of flying experience to develop the skills they required. They still need these skills, but they do not learn them in the normal course of flying, because most flights are problem-free. They press a button, they fly above bad weather, the plane is flown by automatic pilot. But if the automatic pilot should fail and the pilot has to fly the plane himself, the basic skills must be available.

The same problem arises in other areas: mechanics used to contend with technical problems all the time, but now aircraft run for days on end without any difficulty arising, so when a problem occurs, they are in real trouble.

I believe that in the future we will use CBT to train staff to have full competence when a problem occurs: we will train them by using CBT to handle complex situations which may only occur once in their life-times, but when they arise they are so expensive that they cannot be risked. This will be introduced in all areas where jobs relate to safety, security, punctuality and even passenger service. That is what CBT will be used for: to train people to cope with situations which they have never met in real life. It will also be used for retraining staff who have had a long period of absence or holiday so that on their return they can be more efficiently re-educated. Job rotation will necessitate refresher courses for staff returning to duties which they have not performed for a long time. And in the more distant future, perhaps in 10-15 years' time, the first virtual reality programmes will certainly be introduced.

10. Can you summarise your experience of CBT?

First of all, it is here to stay. It will not go away, it will become more detailed, more varied. We will be able to link people over long distances, so that staff who are thousands of miles apart can have close, professional relationships. Time and distance will cause fewer problems, and we will have greater access to knowledge and experience. Money will not be a problem, but it will be necessary to finance the operations in an intelligent way. Today, many companies use their money to repair instead of to prevent. This mistake must not be made. We want to invest so well in training programmes that staff do not make any mistakes when they are at work. Today, unfortunately, most problems are created because people are doing things incorrectly or too slowly or out of timing, without being aware of it. The only way to put this right is to have an overall training strategy.

The management must establish policies of advanced coordinated training and maintenance of competence at the highest level. Unfortunately, few company chairmen and senior executives have properly developed plans for human resource management. In the future, those companies that develop such plans will be the winners. I will be happy to try to convince them. Many CBT programmes today resemble early motor-cars. They were built like horse-drawn carriages. But nowadays they are designed to be cars. And many CBT programmes still look like books. They are based on the past. The programmes of the future will be designed so that they will entertain as they instruct – 'edutainment' to coin a new phrase. And CBT will play a part in the roles of trainees, instructors and the entire organisation.

Berufliche Fortbildungszentren der bayerischen Arbeitgeberverbände e.V.

Telelernen – Eine neue Option der betrieblichen Weiterbildung: Das Projekt Cornelia („Computer-Netzwerk für Lerner – interaktiv und arbeitsplatznah")[8]

1. Grundlagen des Einsatzes neuer Lernmedien im Betrieb

Kostenkontrolle von Lehrgängen stand bisher oft im Vordergrund, wenn es um die Steigerung der Effizienz von Weiterbildung ging. Die Wirksamkeit dieses Instruments ist jedoch begrenzt. In neuerer Zeit befaßt man sich daher vor allem in der betrieblichen Weiterbildung mit anderen Wegen der Effizienzsteigerung: Nicht mit der Messung der Inputs und Outputs betrieblicher Bildung und den betriebswirtschaftlichen Möglichkeiten der Optimierung deren Verhältnisses, sondern mit dem, was dazwischen stattfinden kann: mit der Optimierung des Qualifizierungsprozesses selbst.

Dies erscheint angebracht, da sich zwar der Stellenwert der Weiterbildung für die Unternehmen verändert hat, aber bislang noch kaum die Weiterbildung selbst. Vor allem die Medien der beruflichen Bildung haben sich in den vergangenen Jahrzehnten wenig gewandelt: es sind die Medien des Unterrichts, wie sie in Schule und Ausbildung ebenfalls verwendet werden: weitgehend schriftliche Unterlagen, vereinzelt Ton- oder Videoaufzeichnungen, technische Modelle etc. Alle diese Medien sind eng an die Präsenz von Dozenten gebunden, die die Teilnehmer führen und pädagogisch anleiten.

Heute stehen wir vor einem Umbruch, der die betriebliche Personalentwicklung und Weiterbildung grundlegend verändern wird: Neue, DV-gestütze Lernmedien werden vielerorts entwickelt, erprobt und teilweise bereits eingesetzt. Diese Lernmedien räumen dem selbständigen Lernen der Teilnehmer größeren Raum ein; der Dozent tritt in den Hintergrund. Als neue Medien sind hier vor allem zu nennen: Computer Based Training (CBT, CUU) und Tele-Lernen.

Nach der ersten Begeisterung über CBT ist heute bei vielen Betrieben und Bildungsträgern Ernüchterung eingekehrt. Selbstlernzentren mit CBT-Angeboten werden kaum je ausreichend genutzt, und PC-Lernprogramme stoßen bei vielen Adressaten auf wenig Akzeptanz. Das kann neben technischen Mängeln der ersten CBT-Generationen auf ein grundsätzliches Problem von CBT-Programmen zurückgeführt werden: Diese Programme laufen in isolierten Lernumgebungen ab. Zwar werden CBT-Programme durch die Kombination mit Multimedia-Technologien zunehmend anschaulicher und pädagogisch anspruchsvoller. Der Lernende arbeitet aber allein an seinem PC, ohne Verbindung nach draußen. CBT-Programm-Autoren müssen daher alle nur denkbaren Fragen und Probleme des Lernenden antizipiert haben. Ihre Produkte sind am besten für schematisierbare Lerninhalte geeignet und werden selbst da oft als spröde empfunden. Die Perfektionierung mit Multimedia-Elementen ändert daran wenig, weil sich der Neugier-Effekt auf das Medium schnell erschöpft, und dann fehlende didaktische Tiefe das Lernen behindert. Diese läßt sich eben nur begrenzt mit vorprogrammierten Lernsystemen realisieren. Ein Lehrer kann sich auf seine Teilnehmer einstellen. Er lernt dazu, ein CBT-Programm nicht. Daher geht die neuere Entwicklung in eine andere Richtung.

In jüngster Zeit gewinnt auch in der betrieblichen Bildung der DV-gestützte Fernunterricht, das sog. Tele-Lernen, gegenüber CBT-Programmen an Gewicht. Von CBT-Selbstlernprogrammen unterscheidet sich Tele-Lernen in einem wesentlichen Punkt: Tele-Lernen entpersonalisiert den Lernprozeß nicht. Der Lehrer, ggf. auch andere Lernende, bleiben präsent und können auf den Lernprozeß einwirken.

Die schnelle Entwicklung neuer, multimedialer Kommunikationstechniken eröffnet der betrieblichen Weiterbildung diese neuen Möglichkeiten. Fernunterricht – bislang in deutschen Unternehmen kaum genutzt – wird als DV-gestützes Tele-Lernen attraktiv. Die Beschränkung auf tradierte schriftliche Lernmedien kann entfallen, die Interaktivität neuer Lernmedien läßt sich entfalten. Der Lerner lernt selbstgesteuert: Er bestimmt Zeit, Ort und Dauer seiner Lernsequenzen nach seinen Interessen und betrieblichen Notwendigkeiten. Aber er kann – anders als bei CBT-Programmen – auf verständige, dezentral arbeitende Dozenten zugreifen, die ihn – zeitsynchron oder per E-Mail mit kurzem Zeitversatz – unterstützen, seine Übungen korrigieren, Aufgaben stellen, zusätzliche Lernhilfen geben etc.[9]

Tele-Lernen trägt damit Veränderungen der betrieblichen Arbeitsorganisation Rechnung, die zu einer stärkeren Verbindung von Lernen und Arbeiten führen. Die Dezentralisierung der Personalentwicklung, die Einbindung von Einarbeitung und kontinuierlicher Qualifizierung in die Arbeitsorganisation namentlich der Gruppenarbeit, die Übernahme handlungsorientierter Lernformen (Lerninseln, Projektlernen etc.) in die Weiterbildung und ein pädagogisch inspiriertes Verständnis betrieblicher Hierarchien kennzeichnen die Reformen der Arbeitsstrukturen in vielen Unternehmen. Typische Medien des Unterrichts sind solchen neuen Lernformen nicht angemessen. Sie sind nicht flexibel einsetzbar, sind räumlich und zeitlich gebunden und erlauben schließlich nicht immer einen individualisierten Zugriff der Teilnehmer. Wenn Lernpotentiale am Arbeitsplatz verfügbar gemacht werden sollen, dann sind auch Lernmedien vonnöten, die sich an den Arbeitsplatz heranführen lassen.

Tele-Lernen kann vor allem auch zur Effizienzsteigerung der Weiterbildung beitragen. Weiterbildung ist bis heute ein gleichsam handwerkliches Produkt geblieben: Die Leistungen von Dozenten werden bei jedem Lehrgang immer neu erbracht. Die Rationalisierungspotentiale klassischer Weiterbildung sind daher gering. Ihr Umfang läßt sich zwar in Zeiten schmaler Budgets verringern, aber ihre relativen Kosten sind nur wenig veränderbar. Rationalisierungsspielräume lassen sich aber durch Tele-Lernen erweitern.

Das gilt in mehrfacher Hinsicht:
- Ein höherer Teilnehmerdurchlauf führt – anders als bei Seminaren – zu einer Senkung der Weiterbildungskosten pro Teilnehmer.
- Freistellungskosten – und die mit der Freistellung verbundenen organisatorischen Probleme – können durch neue DV-gestützte Lernmedien erheblich gemindert werden. Die Weiterbildung wird zumindest teilweise außerhalb

der Arbeitszeiten oder in Lücken des Arbeitstages absolviert. Auch direkte Nebenkosten der Weiterbildung wie Reise- und Sachkosten werden reduziert.
- Selbstorganisierte Weiterbildung mit interaktiven Medien ermöglicht eine Individualisierung der betrieblichen Weiterbildung nach dem Bedarf der einzelnen Mitarbeiter und den Anforderungen ihrer Arbeitsplätze. Auch bei betriebsbezogenen Weiterbildungen muß nicht mehr eine größere Zahl von Teilnehmern zu einer Zeit an einem Ort einen gleichen Bildungsbedarf anmelden. Die Flexibilisierung und Dezentralisierung der betrieblichen Weiterbildung ist vor allem für diskontinuierliche Qualifizierungsmaßnahmen – etwa bei der Einarbeitung neuer Mitarbeiter – oder bei unzureichenden Qualifizierungsangeboten vor Ort attraktiv.
- Mit dem Einsatz der neuen Medien ist eine Standardisierung der betrieblichen Weiterbildung verbunden; die Qualifizierung wird weniger von individuellen Besonderheiten von Dozenten beeinflußt; Qualitätssicherung ist auf Grundlage der eingesetzten Materialien teilweise auch ex ante möglich.
- Weitere Punkte sind: die Kompatibilität der Lernmedien zu anderen, betrieblich genutzten Medien und Informationsträgern; die Integrationsfähigkeit von Lernsystemen in den Arbeitsprozeß; Kapazitäten für große, leicht änderbare Informationsmengen in verschiedenen Medien; leichte Internationalisierbarkeit.

Gerade im betrieblichen Umfeld sind eine Reihe technischer Voraussetzungen der Nutzung interaktiver Medien des Fernlernens bereits gegeben oder auf einfache Weise herstellbar: An vielen Arbeitsplätzen stehen DV-Geräte und -Netze bereit, die als Lernstationen und/oder Kommunikationsmedien für interaktive Formen des Fernunterrichts genutzt werden können. Bildungsangebote können damit direkt an die Arbeitsplätze herangeführt werden; Fernlernen kann in direktem Austausch mit Dozenten absolviert werden. Auch verfügen viele Unternehmen bereits über Anbindungen an leistungsfähige Datennetze, die auch für die betriebliche Bildung genutzt werden können.
DV-gestützte Lernnetzwerke sind nicht nur Mittel bipolarer Qualifizierungsprozesse zwischen Betrieben einerseits und Bildungsträgern bzw. Bildungsabteilungen andererseits. Sie sind auch geeignet, die betriebliche Bildung für eine breite Palette verteilter Wissensressourcen zu öffnen. Grundsätzlich sind „ integriert in die Fernlernprogramme „ lerner- und lehrergesteuerte Zugriffe auf Online-Datenbanken, thematisch definierte Diskussionsforen in öffenlichen Netzen, betriebliche Informationsquellen, externe Expertise (z. B. bei Lieferanten und Kunden) etc. möglich.

Personalentwicklung ist durch die Dezentralisierung der Lehr-Ressourcen mit überschaubarem Aufwand direkt am Arbeitsplatz möglich. Durch die Verbindung arbeitsplatznaher Weiterbildung mit neuen Lernmedien können letztere für die betriebliche Nutzung neue Attraktivität erlangen.
Die Potentiale des interaktiven Telelernens sind dabei noch kaum zu ermessen, geschweige denn ausgeschöpft. Telelernen muß jedoch nicht nur technisch entwickelt, sondern auch so in die betrieblichen Strukturen eingebettet werden, daß Multiplikatoren und Experten der beteiligten Betriebe unterstützend tätig werden können. Der Anwendungstransfer des Erlernten wird nur so kontinuierlich gesichert. Daher wird der betriebliche Einsatz der neuen Lernmedien die Entwicklung von angemessenen arbeitsorganisatorisch abgesicherten Lernumgebungen voraussetzen; die Einbettung von Lernsystemen in die Arbeitswelt hat bisher mit deren technischer Entwicklung nicht Schritt halten können. An diesem Punkt werden sich neue Aufgaben für betriebliche Bildungsabteilungen und für externe Bildungsträger stellen.
Die Beziehungen zwischen Betrieben und externen Bildungsträgern werden sich darüber verändern. Über die Effizienz betrieblicher Bildung entscheidet nicht der billige Preis von Standardseminaren, sondern die Adaption von neuen Lernmedien an den betrieblichen Bedarf und die Integration von Lernprozessen in die betrieblichen Abläufe. In den kommenden Jahren wird die Gestaltung neuer Medien der Personalentwicklung und Weiterbildung eine kooperative Aufgabe von Bildungsträgern und Unternehmen sein.

2. Das Projekt Cornelia

Zur praktischen Erprobung des Telelernens in der betrieblichen Weiterbildung führen seit zwei Jahren die Beruflichen Fortbildungszentren der Bayerischen Arbeitgeberverbände e.V. (hier die bfz Bildungsforschung) und das Bildungswerk der Bayerischen Wirtschaft e.V. (bbw) den vom Bayerischen Staatsministerium für Wirtschaft und Verkehr geförderten Modellversuch „Cornelia" durch („Computer-Netzwerk für Lerner – interaktiv und arbeitsplatznah"). Zweck des Projektes ist es, die heute nutzbaren Mittel moderner Telekommunikation und der Medientechnologie für die Lösung von Weiterbildungsproblemen einzusetzen, wie sie sich insbesondere in kleinen und mittleren Unternehmen stellen.[10]
Im Projekt wird ein Lernnetzwerk zwischen bayerischen Industrieunternehmen aufgebaut. In der ersten Projektphase wurde eine DV-Infrastruktur geschaffen, die Mitarbeitern der beteiligten Unternehmen die Teilnahme an dezentral organisierten Kursen zu Themen wie Projektmanagement, Qualitätssi-

cherung, Öko-Auditierung etc. ermöglicht. Derzeit sind vier Lernprogramme mit einer Lerndauer von jeweils etwa 40 Stunden realisiert. Etwa neun weitere werden folgen. Die erste Feldphase hat im Oktober 1996 begonnen und wird im Mai 1997 abgeschlossen.
Technische Basis des Lernnetzwerks ist das Internet bzw. im Binnenbereich der Unternehmen deren lokale Netzwerkstruktur mit TCP/IP. Durch die Nutzung standardisierter Protokolle und nicht proprietärer Technologie bleiben die technischen Aufwendungen seitens der Betriebe gering. Die Lernmodule können mit regulären Internet-Browsern ohne spezielle Plug-Ins genutzt werden. Damit verzichtet Cornelia zwar auf eine Reihe technisch möglicher Multimedia-Effekte. Im Vordergrund stand jedoch eine niedrigschwellige Zugangsmöglichkeit zu den Lernprogrammen: Auch mit üblichen Arbeitsplatzrechnern und über ISDN-Leitungen sollte eine Nutzung möglich sein.
Im Projekt wurden Lernprogramme entwickelt, die die Teilnehmer in den Betrieben – sei es am Arbeitsplatz oder in eigens eingerichteten Lernstationen – online abrufen können. Dabei erhalten sie Unterstützung durch einen „Tele-Dozenten", dem Korrekturaufgaben, Verständnisfragen und Diskussionswünsche der Teilnehmer per vorstrukturierter E-Mail zugehen. Der Lernende kann von jeder beliebigen Stelle im Programm aus ohne Medienwechsel Kontakt zur Lernzentrale aufnehmen und durch gezielte Fragen seine Informationsbedürfnisse in den Lernprozeß einbringen. Auch der Erfahrungsaustausch unter den Lernenden in verschiedenen Betrieben ist auf diesem Wege möglich.

Mit Cornelia wird ein Netz im Sinne eines Lernverbundes geschaffen, in dem Mitarbeiter mit Selbstlernprogrammen eingepaßt in ihre Arbeitsorganisation lernen können. Das Projekt bietet didaktische Optionen, die über konventionellen Fernunterricht ebenso hinausführen wie über herkömmliches CBT:
- Auf der einen Seite werden die notwendig starren CBT-Programmstrukturen überwunden. Individuelle Probleme lassen sich berücksichtigen – ohne daß auf den heute üblichen CBT-Standard verzichtet werden müßte: Die in Java programmierten CBT-Module weisen für den Benutzer transparente Schnittstellen zur freien Kommunikation mit Dozenten und Experten auf. Ebenfalls in Java wurden automatisierte interaktive Lernübungen realisiert, die dort zur Anwendung kommen, wo es um Behaltensleistungen und Verständniskontrollen geht. Innerhalb der Module werden zum jeweiligen Thema Checklisten und Formulare bereitgestellt, die sich für den jeweiligen betrieblichen Kontext leicht modifizieren lassen und Hilfsmittel für die unmittelbare Anwendung des Gelernten darstellen.

- Gegenüber bisherigem Fernunterricht kann der Dozent deutlich rascher auf Einsendungen reagieren (in den ersten Cornelia-Modulen: Verfügbarkeit der Dozenten-Antwort am nächsten Tag). Das ermöglicht einen Informationsfluß, der arbeitsorientierten Lernbedürfnissen gerecht wird.
- Eine aufwendiges automatisiertes Lerntagebuch sorgt dafür, daß die Lernenden sich jederzeit über ihre Lernfortschritte und -probleme informieren können und die Orientierung im Lernsystem nicht verlorengeht. Auswertungen auf Kursebene geben dem Dozenten Hinweise auf allgemeine Probleme. Auswertungen des Lernverhaltens auf Ebene der Lernmodule schließlich dienen den Programmautoren zur kontinuierlichen Evaluation und Optimierung ihrer Arbeit.
- Externe Wissensressourcen (Verweise auf thematisch jeweils einschlägige WWW-Seiten von Universitäten und Fachhochschulen, von anderen Betrieben und Institutionen ebenso wie Telnet-Verweise zur Literaturrecherche) werden integriert innerhalb der Lernprogramme angeboten.

3. Erste Erfahrungen aus der ersten Feldphase

In der ersten Feldphase von Cornelia wurde mit zwölf Unternehmen und dort etwa 80 Teilnehmern gearbeitet. Die Unternehmen sind nach Branche und Größe durchmischt. Sie alle zeichnet aber aus, daß die Nutzung von Diensten wie WWW und E-Mail bereits regelmäßig stattfindet. Für die Teilnahme am Projekt mußten daher nicht erst technische Grundlagen geschaffen werden. Auch konnte davon ausgegangen werden, daß in jedem Betrieb einige Mitarbeiter mit den grundlegenden Prinzipien der Nutzung des Internet/WWW vertraut waren.

Akzeptanz fand Online-Learning vor allem in solchen Abeilungen bzw. bei solchen Mitarbeitern, bei denen
- die technischen Voraussetzungen des Internet-Zugangs am Arbeitsplatz vorhanden sind, interaktives Fernlernen also tatsächlich auch als arbeitsplatznahes Lernen organisiert werden kann;
- erkannt wurde, daß Mittel wie elektronische Post oder Netzrecherchen praktische und damit auch ökonomische Alternativen der Informationssuche und -übertragung sind;
- das erforderliche technische Know-how vorhanden ist, um Online-Lerneinheiten rasch und problemlos in betriebliche Abläufe zu integrieren.

Einige interessierte kleine und mittlere Betriebe sowie einige Betriebe im ländlichen Raum konnten bisher nicht teilnehmen, weil technische Vorausset-

zungen der Nutzung fehlen. Es besteht also die Gefahr, daß ein innovatives Weiterbildungsangebot eben jene Zielgruppe zuletzt erreicht, die am meisten darauf angewiesen ist.
Für alle teilnehmenden Betriebe gilt, daß die technischen Voraussetzungen der Teilnahme nicht allein wegen der Lernangebote des Projektes geschaffen wurden. Auch wo das Projekt der Anlaß zu solchen Investitionen war, erwarten die Unternehmen, das Internet nicht nur als Bildungsmedium, sondern als Universalmittel ihrer Informationsbeschaffung und Kommunikation nutzen zu können. Geschäftskontakte in ihren Branchen werden heute bereits vielfach per Internet abgewickelt; die Schaffung der innerbetrieblichen Voraussetzungen dafür wird so zusehends zur unabweisbaren Notwendigkeit.

Die Nutzer und Tele-Dozenten wurden mehrfach – mit Online-Erhebungsbogen, die in die Lernmodule eingebettet wurden – zum didaktischen Design und zu ihren Nutzungsweisen befragt. Eine systematische Darstellung der Ergebnisse wird Mitte 1997 an anderer Stelle erfolgen. In einer ersten Zusammenfassung der Ergebnisse lassen sich jedoch bereits heute folgende Punkte festhalten:
- Nahezu alle Teilnehmer loben, daß der Lernprozeß durch die Möglichkeit, den Ablauf des Lernens selbst zu steuern, einen individuellen Zuschnitt und Praxisbezug erhält: Das „Springen" im Programm erkundet den individuellen Lernbedarf aufgaben- und stoffnah und entspricht in der Vorgehensweise der praktischen Problemlösung, wie sie aus dem beruflichen Alltag vertraut ist. Die Teilnehmer haben einen Großteil offener Fragen durch Erkundung der Bezugsstellen geklärt, die im Programm selbst vorhanden sind, ohne daß sie dafür Rücksprache mit dem Tutor nehmen mußten; dadurch wurden die Problemklärungen im Tutorenkontakt sinnvoll eingegrenzt und vorbereitet. Auf der anderen Seite werden in dieser Freiheit des Umgangs mit dem angebotenen Stoff auch Probleme gesehen: die Orientierung im Programm und die Übersicht über bereits absolvierte und noch offene Lerninhalte fällt nicht immer leicht.
- Im Vergleich zum selbstorganisierten Lernen mit anderen Medien heben viele Befragte hervor, daß auf diese Weise der Umgang mit umfangreichen Stoffgebieten erleichtert wird: Der computergestützte Zugriff auf die jeweils benötigten Inhalte ist komfortabel, erfordert keinen Medienwechsel und erspart Zeitaufwand, da nach verstreuten Informationen nicht erst mühevoll gesucht werden muß. Diese Leichtigkeit des Zugriffs auf benötigte Informationen trägt dazu bei, daß das Lernen am Computer vielfach entlang von aktuellen Anwendungsproblemen am Arbeitsplatz erfolgt und nicht in abgegrenzten Lernzeiten.

- Das hieß für die Dozenten jedoch auch, daß der Einsatz von Online-Programmen nicht schematisch geplant werden konnte. Die Dozenten merkten vor allem an, daß die auf diesem Wege mögliche Individualisierung des Lernens wegen der mehr als bei anderen Lernformen geforderten Selbständigkeit der Lernenden bei ihnen auch eine größere Lernerfahrung voraussetzt; der Umgang mit den neuen Medien sei auch nur dann eine Erleichterung des Arbeitens bzw. Lernens, wenn die Lernenden schon eine gewisse Computererfahrung mitbringen und nicht durch eine ihnen noch unvertraute Technik erst recht vor Schwierigkeiten gestellt würden. Es hat sich gezeigt, daß sich Vor- und Nachteile des telematischen Unterrichts altersgruppenspezifisch verteilen: Jüngere kommen mit dem neuen Lehrangebot besser zurecht und nutzen seine Vorzüge eher als Ältere.
- Dem computergestützten Lernen ist oft vorgeworfen worden, daß es zu einer „sozialen Isolation" der Lernenden führt, die dem Erfolg der Ausbildung insgesamt nicht zugute komme. Daran ist sicher richtig, daß vom persönlichen Kontakt zum Dozenten und den übrigen Teilnehmern eines Kurses wertvolle Anregungen für das eigene Lernen ausgehen. Vieles davon läßt sich aber im Rahmen einer Online-Fortbildung, die nicht auf automatisierten CBT-Programmen, sondern auf Teletutoring beruht, ersetzen. Es hat sich ergeben, daß die Teilnehmer die Möglichkeit, mit den Dozenten Kontakt aufzunehmen, in sehr unterschiedlichem Umfang nutzen. Etwa ein Drittel der Teilnehmer nutzt den strukturierten Dialog im Programm intensiv und regelmäßig, der Rest sporadisch bei bestimmten Lernproblemen.
- Die Vernetzung eines Online-Lehrgangs erweitert im Prinzip in derselben Weise, wie sie regelmäßige Feedbacks der Dozenten ermöglicht, auch die Möglichkeiten eines horizontalen Erfahrungsaustauschs zwischen den Teilnehmern. Über E-Mail-Verbindungen können Lernende in verschiedenen Betrieben jederzeit praktische Aufgabenlösungen, auftretende Probleme usw. miteinander vergleichen. So ist z. B. den Teilnehmern eines Lehrgangs über Projektmanagement die Durchführung von Projekten bereits aus dem betrieblichen Alltag vertraut. Dabei werden Arbeitsschritte angewendet, die je nach Betrieb und Projekt unterschiedlich sind. Verständigen sich die Teilnehmer nun per E-Mail über die jeweiligen Vorgehensweisen, können sie die praktischen Erfahrungen, von denen ihnen andere Teilnehmer berichten, im Rahmen von Überlegungen nutzbar machen, die die mögliche Optimierung der Prozesse, ihren allgemeinen Charakter usw. betreffen. Sie erhalten so auch einen besseren Zugang zu den Inhalten, die der Lehrgang vermittelt. Tatsächlich stellt sich aber heraus, daß die in den Cornelia-Programmen enthaltenen Möglichkeiten zur Teilnehmer-Teilnehmer-Kommuni-

kation nur sehr spärlich genutzt werden. Wir führen dies darauf zurück, daß sie, anders als der Teilnehmer-Dozenten-Dialog, ergänzende und nicht integrale Elemente des didaktischen Aufbaus sind, und wollen durch entsprechende Veränderungen am Programm auf eine Vergrößerung der Akzeptanz hinwirken.

Der engere Umkreis erster Modellbetriebe wird im Projekt ebenso kontinuierlich erweitert wie – in Absprache mit den Teilnehmern – das inhaltliche Angebot der Lernmodule. Mit dem Projekt Cornelia erfolgt der Einstieg in eine systematische Nutzung der gewachsenen technischen Möglichkeiten für die betriebliche Aus- und Weiterbildung in kleinen und mittleren Unternehmen – nicht zuletzt auch in ländlichen Regionen, wo man wegen geringer Verfügbarkeit von Weiterbildungsangeboten vor Ort auf die Nutzung von Medien des Telelernens besonders angewiesen ist.

Einsatz von CBT in der betrieblichen Bildungsarbeit der deutschen Sparkassenorganisation[11]

1. Die deutsche Sparkassenorganisation[12]

Zur Sparkassenorganisation gehören rund 600 Sparkassen, 13 Landesbanken/Girozentralen, 13 Landesbausparkassen, eine Kapitalanlagegesellschaft mit offenen Investmentfonds (DekaBank), der Deutsche Sparkassen Verlag und weitere spezielle Unternehmen für den umfassenden Service der Kunden. Die „Klammer" der Sparkassenorganisation bilden 12 regionale Sparkassen- und Giroverbände, bei denen die Sparkassen und ihre kommunalen Gewährträger (Städte, Kreise) Mitglied sind, und der Deutsche Sparkassen- und Giroverband in Bonn, dessen Mitglieder die regionalen Sparkassen- und Giroverbände und die Landesbanken/Girozentralen sind.

Die Sparkassen, Landesbanken und Landesbausparkassen arbeiten im Verbund miteinander. Sparkassen und Landesbanken sind für ihre Kunden Universalbanken. Sie bieten alle kreditwirtschaftlichen Leistungen „aus einer Hand", sowohl die Formen der Geldanlage und Kredite jeder Art als auch den neuzeitlichen Zahlungsverkehr. Ihre Mitarbeiter sind in den verschiedenen Bereichen dieser Angebotspalette tätig, zum Teil als Berater im unmittelbaren

Kundenkontakt, zum Teil in Spezialabteilungen wie z. B. Revision, Datenverarbeitung, Auslandsgeschäft.
Die Schwerpunkt-Tätigkeiten der Sparkassen und Landesbanken/Girozentralen sind in den Sparkassen-Gesetzen der Bundesländer und in den kommunalen Sparkassen-Satzungen festgelegt. Die Tätigkeit einer Sparkasse ist auf das Gebiet ihres Gewährträgers – einer Stadt, eines Landkreises oder eines Zusammenschlusses mehrerer Gemeinden – ausgerichtet. Dadurch ist jede Sparkasse mit den wirtschaftlichen Verhältnissen und mit den Menschen in ihrem Geschäftsbereich besonders gut vertraut. Sie kann und muß sich schnell auch speziellen Kundenwünschen anpassen.
Die Sparkassenorganisation beschäftigt rund 340.000 Mitarbeiter. Sie ist mit einem Anteil von rund 38% am Geschäftsvolumen aller Kreditinstitute die größte Gruppe des deutschen Die Sparkassenorganisation ist mit fast 800 selbständigen Instituten und rund 24.000 Geschäftsstellen dezentral organisiert.

2. Aus- und Weiterbildung und Personalentwicklung in der deutschen Sparkassenorganisation[13]

Die berufliche Bildung der Mitarbeiter findet auf drei Ebenen statt: Im Betrieb, in zwölf regionalen Bildungseinrichtungen (Sparkassenakademien) der Sparkassen- und Giroverbände, sowie in der zentralen Deutschen Sparkassenakademie des Deutschen Sparkassen- und Giroverbandes in Bonn.

2.1. Die betriebliche Aus- und Weiterbildung

In den Sparkassen und Landesbanken wird in der Phase der Ausbildung ein Wechsel von praktischer Tätigkeit und theoretischer Vertiefung vorgenommen. Dies geschieht am Arbeitsplatz, im innerbetrieblichen Unterricht und überbetrieblich bei den regionalen Bildungseinrichtungen.
Darüber hinaus bieten die Sparkassen und Landesbanken ihren Mitarbeitern Weiterbildungsprogramme an, um sie mit den veränderten technischen, ökonomischen und gesellschaftlichen Verhältnissen vertraut zu machen, die für ihre Arbeitsplätze bedeutsam sind.

2.2. Die regionale Weiterbildung

Neben Studiengängen zum Sparkassenfachwirt und Sparkassenbetriebswirt bieten die regionalen Sparkassenakademien pro Jahr rund 1.000 Seminare an, die von einem Tag bis zu mehreren Wochen reichen. Dieses Spektrum beinhaltet Fachtagungen, Seminarreihen und Einzelseminare.

2.3. Die zentrale Weiterbildung

Die Deutsche Sparkassenakademie ist die zentrale Bildungseinrichtung der Deutschen Sparkassenorganisation. Sie veranstaltet neben dem Studium am „Lehrinstitut" für Führungsnachwuchskräfte Seminare, Lehrgänge und Fernstudiengänge für Führungskräfte und Spezialisten auf unterschiedlichen Gebieten. Sie ist als Abteilung „Deutsche Sparkassenakademie/Personalwirtschaft" zugleich Teil der Geschäftsstelle des Deutschen Sparkassen- und Giroverbandes und damit zuständig für die Entwicklung von Konzepten und Instrumenten der Personalentwicklung für die Interessenvertretung auf diesem Gebiet und für die strategische Ausrichtung und Koordination der Personalentwicklung innerhalb der deutschen Sparkassenorganisation.

3. Einsatz von Computer Based Training (CBT) in der deutschen Sparkassenorganisation

3.1. Organisatorische Aspekte

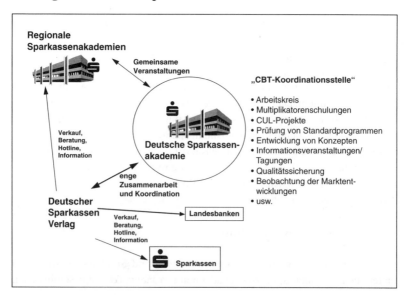

Im Bereich des Computer Based Training nimmt die Deutsche Sparkassenakademie als zentrale Stelle eine Art Koordinationsfunktion wahr (siehe Abb.). In dieser Koordinationsfunktion arbeitet die Deutsche Sparkassenakademie sehr eng mit dem Deutschen Sparkassen Verlag in Stuttgart zusammen. Die Aufgabenteilung besteht darin, daß die Deutsche Sparkassenakademie für die inhaltliche Seite verantwortlich ist, der Sparkassen Verlag für die vertriebliche Seite.

3.2. Strategische Überlegungen für den Einsatz von CBT

• *Zunehmende Bedeutung des selbstgesteuerten Lernens*
Viele Maßnahmen der Aus- und Weiterbildung unterstützen die Konsumentenhaltung der Lernenden. Unterricht findet heute zum Beispiel noch zu oft in der klassischen Vortragsform statt. Die Teilnehmer lehnen sich zurück und lassen sich „berieseln". Die Bildungsverantwortlichen arrangieren Veranstaltungen und sorgen für die erforderlichen Dozenten, Inhalte, Räume und Unterlagen. Sie sind es auch, die überhaupt den Anstoß zum Lernen geben. Wer jedoch Mitarbeiter haben will, die in Eigeninitiative auf ihre Kunden zugehen, die sich selbständig den Weg bahnen, die mit Ausdauer und einer gewissen Hartnäckigkeit Ziele verfolgen und denen es in diesem Zusammenhang gelingt, sich selbst und ihre Zeit erfolgreich zu managen, muß auch beim Lernen Selbständigkeit geben, diese Selbständigkeit andererseits aber auch fordern. Das Lernverhalten muß sich verändern: Der Anstoß zum Lernen muß stärker vom Lernenden selbst ausgehen.

• *Zunahme des Bildungsbedarfs*
Das veränderte Lernverhalten ist nicht nur wünschenswert, sondern geradezu notwendig, betrachtet man den enormen Bildungsbedarf, der auf unsere Gesellschaft zukommt und mit herkömmlichen Methoden, die eher zu fremdgesteuertem Lernen anleiten, nicht oder nur unter großem Aufwand bewältigt werden kann. Unsere Gesellschaft entwickelt sich zunehmend zu einer Informationsgesellschaft. Die Halbwertszeit der Information beträgt zur Zeit nur noch fünf Jahre, d. h. heute angeeignetes Wissen ist bereits nach fünf Jahren zur Hälfte überholt. Früher war die Lehrzeit gleichzusetzen mit der Lernzeit. Anschließend galt es, dieses Wissen in die Praxis umzusetzen. Heute jedoch ist mit der Ausbildung das Lernen noch lange nicht abgeschlossen. Die Anforderungen, die an die Mitarbeiter herangetragen werden, ändern sich ständig. Die Mitarbeiter müssen mit den sich verändernden Entwicklungen Schritt halten, denn letztendlich ist die Qualifikation der Mitarbeiter maßgebend für

den Markterfolg. Es kommt dabei nicht nur darauf an, daß die Mitarbeiter von sich aus lernen, sondern daß sie das, was sie lernen wollen, richtig lernen. Bis heute ist das Lernen durch „Vorratslernen" gekennzeichnet. Die Schule, die Ausbildung, das Studium – dies alles sind „Lernfabriken" nach dem Motto: Mit möglichst viel Wissen „mästen", damit man anschließend vom Vorrat zehren kann. Doch dieses Motto hat in der Zukunft ausgedient. Für das Anlegen eines sinnvollen Vorrats ist die Wissensmenge zu groß. Darüber hinaus ist das Wissen, das später benötigt wird, z. T. noch gar nicht bekannt. Lernen wird „just-in-time" stattfinden. Dies erfordert, das eigene Lernverhalten zu überdenken und zu lernen, richtig zu lernen (Meta-Lernen): vom Inhaltsvorrat zum Methodenvorrat. Den Mitarbeitern müssen also methodische Qualifikationen vermittelt werden, mit deren Hilfe sie in Zukunft eigenständig das Richtige – für sie Relevante – lernen. Ohne Eigenständigkeit und Selbststeuerung der Mitarbeiter beim Lernen wird es zukünftig nicht mehr möglich sein, den Bildungsbedarf ausreichend zu befriedigen.

- *Kostensteigerung in der Aus- und Weiterbildung*

Aufgrund der Wissensexplosion steigen infolgedessen auch die Kosten der Aus- und Weiterbildung. Allein in der Sparkassenorgansiation werden im Jahr ca. 1 Mrd. DM für Bildungsmaßnahmen aufgewendet. Damit diese Wissensexplosion nicht gleichzeitig zu einer Kostenexplosion führt, müssen Maßnahmen ergriffen werden, die der Kostensteigerung Einhalt gebieten. Die Bildungskosten werden von den Sparkassen und Landesbanken aus den am Markt erwirtschafteten Erträgen finanziert. Eine Kostenbegrenzung könnte erreicht werden, wenn
- der gleiche Lerninhalt in kürzerer Zeit angeeignet wird
- in der gleichen Zeit effektiver gelernt wird
- bei gleichem Bildungsbudget mehr Personen geschult werden
- die gleiche Personenanzahl bei geringerem Bildungsbudget geschult wird.

Als eine alternative Finanzierungsquelle bietet sich auch die Beteiligung durch den Mitarbeiter an. Darunter sind nicht unbedingt direkte finanzielle Beiträge der Mitarbeiter zu verstehen, sondern insbesondere zeitliche Beiträge, denn die Ausfallkosten, Reisekosten und Unterbringungskosten stellen einen wesentlichen Kostenfaktor dar.

Eine Art der Kostensenkung könnte auch erreicht werden, wenn Bildungsveranstaltungen außerhalb der Arbeitszeit stattfinden, z. B. zu Hause (Homelearning).

Aus den bisherigen Aussagen läßt sich folgern, daß fremdgesteuertes Lernen allein den Anforderungen der Zukunft nicht mehr in vollem Umfang gerecht werden kann. Deswegen nimmt die Bedeutung von selbstgesteuertem Lernen zu. Die beschriebenen Überlegungen haben dazu geführt, daß sich die Deutsche Sparkassenakademie schon sehr früh mit dem Thema „Computer Based Training" beschäftigte – als einen möglichen Weg, das selbstgesteuerte Lernen zu fördern.

3.3. Das CBT-Angebot in der deutschen Sparkassenorganisation

Ab 1989 wurden erste Pilotprojekte in der Sparkassenorganisation realisiert: ein Programm zum Thema „Aktienhandel an der Wertpapierbörse" und ein Programm zum Thema „Wohnungsbaufinanzierung". Bei diesen Lernprogrammen handelt es sich um tutorielle Programme zur Wissensvermittlung mit einem Übungs- und Testtteil. Die Gestaltungselemente beschränken sich auf Text, Grafik und kleinere Animationen.

1993 fiel dann die Entscheidung, CBT weiter zu forcieren. Nun ging es für die Deutsche Sparkassenakademie in Zusammenarbeit mit dem Deutschen Sparkassen Verlag darum, ein entsprechendes Angebot an CBT-Programmen für die Institute der Sparkassenorganisation zu schaffen. Zwischenzeitlich bietet der Sparkassen Verlag auch multimediale Lernprogramme an, d. h. neben Text, Grafik und Animationen sind auch Ton- und Videoelemente integriert.

3.4. Erfahrungen mit dem Einsatz von CBT in der Sparkassenorganisation

Trotz des beachtlichen Angebotes an CBT-Programmen des Deutschen Sparkassen Verlages spielt CBT bisher in der deutschen Sparkassenorganisation eine eher untergeordnete Rolle. In einer Reihe von Sparkassen und Landesbanken wird CBT genutzt, z. T. sogar intensiv. In den meisten Instituten sieht die Situation jedoch anders aus. Welche Gründe gibt es dafür?

Zur Beantwortung dieser Frage – und damit zur Durchführung einer Bestandsaufnahme in der deutschen Sparkassenorganisation – beauftragten der Deutsche Sparkassen- und Giroverband und der Deutsche Sparkassen Verlag Anfang 1996 die Prognos Consult GmbH in Basel mit der Durchführung einer Untersuchung. Ziel der von Prognos erstellten Studie war die Beschreibung der vorhandenen und der zukünftig zu erwartenden technisch/organisatorischen sowie didaktisch/methodischen Rahmenbedingungen für den Einsatz von CBT in der deutschen Sparkassenorganistion.

Die Befragung der Prognos GmbH macht deutlich, daß es bisher in der Sparkassenorganisation nur relativ wenig Erfahrungen mit dem Einsatz von

CBT gibt. Etwa die Hälfte der befragten Institute verfügt über erste Erfahrungen.
Ähnliche Ergebnisse ergab auch die Mitarbeiterbefragung: 77% der Mitarbeiter haben noch keine Erfahrung mit CBT. Wenn Erfahrungen vorliegen, dann eher bei Mitarbeitern großer Institute, und vor allem bei Auszubildenden, aber kaum bei Führungskräften und Sachbearbeitern.
Die für den Einsatz von CBT erforderlichen technisch/organisatorischen Voraussetzungen (EDV-Ausstattung, Lernorganisation) und didaktisch/methodischen Rahmenbedingungen (vor allem die Einbindung von CBT in das Aus- und Weiterbildungssystem) sind in den meisten Instituten noch unzureichend. Die Hardware in den Instituten ist meist nicht multimediafähig, was für den Einsatz moderner Lernprogramme von großer Bedeutung ist.
Dagegen sieht die EDV-Ausstattung im privaten Bereich zum Teil sehr gut aus: 36% der befragten Mitarbeiter verfügen über einen privaten PC, ein Drittel davon über einen Multimedia-PC. Werden die geäußerten Kaufabsichten umgesetzt, dann wird der PC-Anteil bis Ende 1997 auf mehr als 55% ansteigen.

Obwohl in den Instituten meist unzureichende Rahmenbedingungen für den Einsatz von CBT vorhanden sind, zeigen sie jedoch Interesse an diesem Lernweg. Insbesondere die Institute, die CBT bereits einsetzen, stehen einer Ausweitung des Einsatzes positiv gegenüber. Ähnlich sieht es bei den Mitarbeitern aus: 93% der befragten Mitarbeiter sind interessiert.

Aufgrund der insgesamt positiven Einstellung gegenüber CBT besteht in den Instituten die Bereitschaft, die erforderlichen Voraussetzungen für den Einsatz von CBT in der Zukunft zu schaffen. Teilweise bestehen schon konkrete Pläne, entsprechende Hardware anzuschaffen.
In Zukunft werden die Lernorte „zu Hause" und „Arbeitsplatz" neben den „Lernzentren" (mit PCs ausgestattete Räume, die für die Bearbeitung von CBT eingerichtet sind) an Bedeutung gewinnen.

Hinsichtlich der Lernzeiten hat die Befragung einen Trend hin zum „Freizeitlernen" erkennen lassen. Die Mitarbeiter sind bereit, Freizeit für die eigene Aus- und Weiterbildung zu investieren, wenn die notwendigen Voraussetzungen dafür geschaffen sind (z. B. entsprechende Hardware und Software zur Verfügung steht). Dieser Trend kommt dem in der Befragung häufig geäußerten Wunsch vieler Mitarbeiter entgegen, die Lernzeitpunkte frei wählen sowie möglichst ungestört lernen zu können.

3.5. Perspektiven für den Einsatz von CBT in der Sparkassenorganisation

Ziel in der Zukunft wird es sein, den Einsatz von CBT in den Instituten der Sparkassenorganisation weiter zu fördern und den Lernweg aktiv zu gestalten. Dafür ist es notwendig, CBT sinnvoll in die anderen Berufsbildungsmaßnahmen (Printmedien und Präsenzmaßnahmen) zu integrieren. Es gilt, die Stärken von CBT zu nutzen und sie mit den Stärken der anderen Lernwege zu kombinieren. Dabei wird es zu Verschiebungen beim Einsatz der verschiedenen Lernmethoden und -medien kommen und damit zu bedeutsamen Auswirkungen auf die innerbetrieblichen und überbetrieblichen Aus- und Weiterbildungsmaßnahmen.
Allerdings werden alle Lernwege nach wie vor von Bedeutung sein.

Folgende Arbeitsteilung ist dabei denkbar:

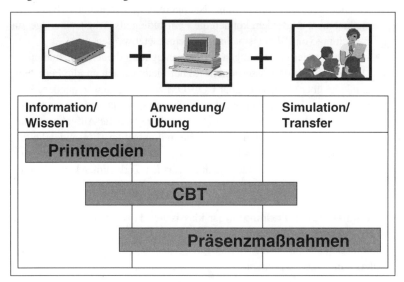

- **Printmedien** werden vor allem bei der Vermittlung von Detailwissen eingesetzt.
  → Durch das Bearbeiten schriftlicher Materialien nehmen die Teilnehmer nicht nur Informationen auf, sie sollen auch ein Verständnis für die vorgestellten Sachverhalte entwickeln und die Inhalte in die bereits vorhandene Grundstruktur „einhängen" können.

- ➜ Printmedien bieten sich als Arbeitsunterlage („Einarbeiten" von Inhalten und bearbeiten von Aufgaben/Texten) an, bis hin zum eigenen „Organisationshandbuch", in dem Lernen und Arbeiten zusammenfließen.
- ➜ Printmedien bieten sich insbesondere an bei Inhalten, die sich nicht so schnell ändern, so daß sich der Aktualisierungsbedarf in Grenzen hält.
- ➜ Printmedien ermöglichen einen schnellen und orts- sowie technikunabhängigen Zugriff auf Informationen und den Überblick über die jeweiligen Inhalte.

- **Fernstudien** als besondere Form von Printmedien können im Bereich der Ausbildung, Aufstiegsweiterbildung und Anpassungsweiterbildung die folgenden Aufgaben übernehmen:
  - ➜ Vermitteln der grundlegenden Informationen über ein Wissensgebiet (Orientierungswissen), eines grundlegenden Verständnisses sowie der Motivation, sich mit diesem Thema zu beschäftigen. Dies geschieht im Rahmen der Vorbereitung und Nachbereitung von anderen Bildungsmaßnahmen. Außerdem können die Fernstudien als Arbeitsunterlage zur Begleitung von Bildungsmaßnahmen eingesetzt werden.
  - ➜ Im Rahmen der selbständigen Wissensaneignung dienen Fernstudien als „Datenbank" und „Wissensquelle". Hier bietet es sich an, die Fernstudieninhalte über Netze oder über CD-ROM zur Verfügung zu stellen.
  - ➜ Die Lernerfolgskontrolle wird in Zukunft verstärkt in Form von CD-ROM-Aufgabensammlungen stattfinden. Für spezielle Aufgabenstellungen wird es jedoch nach wie vor Fremdkontrollen (Einsendearbeiten, Klausuren) geben. Auch hier werden in Zukunft verstärkt Netze zum Einsatz kommen. Die Rückmeldung für den Teilnehmer kann dadurch schneller erfolgen.

- **Computer Based Training** in der klassischen Form dient in erster Linie der Zielsetzung „Anwenden, Üben und Simulation". Durch den Einsatz in diesem Bereich sollen die vielfältigen Steuerungsmöglichkeiten des Computers zum Tragen kommen.

- **Computer Based Training mit Multimedia** wird für Zielsetzungen eingesetzt, für die Audio und Video hilfreich oder erforderlich sind:
  - ➜ Darstellung von Arbeitsabläufen, die normalerweise von Mitarbeitern in der Ausbildung und/oder in der Praxis auf diese Art und Weise nicht erkennbar oder beobachtbar sind (z. B. Börsengeschehen, Vorgänge im Bereich des Auslandsgeschäfts oder bei Firmenkunden).

→ Auch Informationen lassen sich mit Hilfe von Multimedia-Anwendungen und Animationen gut „an den Lernenden bringen".
→ Darstellung von Kommunikationssituationen.

- **Präsenzmaßnahmen** dienen in erster Linie dazu, den Lernenden das für das Lernen erforderliche Rüstzeug zu vermitteln:
  → Zum einen handelt es sich dabei um grundlegende (Arbeits- und Lern-) Methoden.
  → Zum anderen werden bei den Lernenden die grundlegenden Strukturen, ein Orientierungswissen und möglichst auch ein Grundverständnis für den jeweiligen Wissensbereich gelegt.
  → Darüber hinaus dienen die Präsenzmaßnahmen dem Praxistransfer. Dies wird in Form von Seminarveranstaltungen, zunehmend jedoch auch in Form von Coaching erfolgen.
  → Einen besonderen Stellenwert nehmen die Präsenzmaßnahmen bei der Weiterentwicklung der Sozialkompetenz ein. Auch hier wird das Vorhandensein grundlegender Potentiale über entsprechende Analyse-Verfahren bereits im Vorfeld von Präsenzmaßnahmen überprüft.

3.6. Fazit für die Zukunft

Die sich abzeichnenden oder bereits zur Verfügung stehenden technischen Entwicklungen werden die Möglichkeiten des Selbstlernens maßgeblich verbessern und dadurch zu einer Stärkung des Selbstlernens beitragen. Die Veränderungen des Umfeldes, beispielsweise eine zunehmend ökonomischere Betrachtungsweise von Bildungsmaßnahmen, werden diesen Trend weiter stützen.

4. Erfahrungsbericht der Sparkasse Donnersberg

4.1. Kurzinformation über das Unternehmen

Die Sparkasse Donnersberg unterhält 2 Hauptgeschäftsstellen in Rockenhausen und Kirchheimbolanden, 6 Niederlassungen und 21 Zweigstellen. Das Geschäftsgebiet der Sparkasse ist ländlich strukturiert und umfaßt das Gebiet des Donnersbergkreises innerhalb des Landes Rheinland-Pfalz. Sie ist eine typische Flächensparkasse und in ihrem Geschäftsgebiet eindeutig Marktführer. Die Kosten der Aus- und Weiterbildung betragen z. Z. 596.000 DM und machen somit einen Anteil von 3,2% an den gesamten Personalkosten aus.

4.2. Einsatz von CBT in der betrieblichen Schulung

Ende der 80er Jahre wurden die ersten computerunterstützten Lernprogramme durch den Deutschen Sparkassen Verlag Stuttgart, angeboten. Die ersten drei tutoriellen Lernprogramme wurden von uns zur Ergänzung des innerbetrieblichen Unterrichts im Rahmen der Ausbildung zum Bankkaufmann eingesetzt. Die Geschäftsleitung unseres Hauses war von dem Vorschlag, neue Lernformen in die Ausbildung zu integrieren, sofort begeistert. Gerade auf die Nutzung der neuen Techniken legte man großen Wert. Die Skepsis der Auszubildenden gegenüber CBT bestand vor allem darin, mit dem Computer als solchem umzugehen. Angst vor der Technik und insbesondere die Angst, mit einem Tastendruck die teure Software oder Hardware zu zerstören, behinderten zunächst den Zugang. Diese Argumente brachten jedoch nur Auszubildende vor, die noch nie, auch nicht in der Schule, mit dem PC gearbeitet hatten. Daher mußte mit einem Computerlernprogramm begonnen werden. Die Zweifel waren damit bald ausgeräumt, und es war die Lust an weiteren Lernprogrammen geweckt.

Die Auszubildenden finden das Lernen am PC – als weiteres Lernmedium – abwechslungsreich und kurzweilig. Sie stehen heute, als jüngere Generation, dem Computer grundsätzlich positiv gegenüber. Es gibt fast keinen Auszubildenden mehr, der noch nie Kontakt mit einem Computer hatte. In den häufigsten Fällen haben die jungen Leute ihre ersten Erfahrungen mit dem PC in der Schule gemacht. Mehr als die Hälfte der Auszubildenden besitzt heute privat einen PC. Somit sind kaum Vorbehalte abzubauen.

Ein Großteil der Mitarbeiter und Führungskräfte dagegen hatte eher Bedenken, ob ein Lernen mit dem Computer überhaupt möglich sei. Diese Lernform wurde meist als Spielerei abgetan. Häufig wurde auch eingewendet, daß kein anderes Lernmedium Seminare ersetzen könne, da man nur im Seminar Fragen stellen könne. Mit dem PC könne man dagegen nicht sprechen. Diese anfänglichen Bedenken konnten aber sehr schnell ausgeräumt werden, und die Mitarbeiter erkannten, daß CBT attraktiv ist. Solche selbstgesteuerten Lernformen fördern die Eigenverantwortung und das individuelle Lernen. Wichtig ist, daß die Lernsoftware einfach und unkompliziert zu bedienen ist. Als Vorteil ist zu nennen, daß die Lernzeiten individuell an die betriebliche Situation angepaßt werden können. Darüber hinaus wird es als sehr angenehm empfunden, daß man auf die eigenen Fehler aufmerksam wird, ohne daß dies die anderen Lernenden bemerken. Das Lernen mit CBT verläuft damit streßfreier als das Lernen in einem Seminar. Die Mitarbeiter fühlen sich bei dieser Lernform nicht so sehr unter Leistungsdruck. Der einzige Kritikpunkt, daß keine Rückfragen möglich sind, bleibt bei der Schulung mit CBT bestehen.

4.2.1. Gründe für die Einführung von CBT

An die betriebliche Aus- und Weiterbildung werden heute neue Anforderungen gestellt. Hervorgerufen wurde dies durch Schlagworte wie „Halbwertszeit des Wissens wird immer kürzer" oder „Wissensexplosion", ferner durch den technischen Wandel in den Kreditinstituten.

Die alles entscheidende Frage war für uns: Wie können wir dem quantitativ und qualitativ gestiegenen Aus- und Weiterbildungsbedarf gerecht werden, ohne daß dabei höhere Kosten und Abwesenheitszeiten entstehen?

Als Ausbildungsbetrieb haben wir nicht nur Fachwissen zu vermitteln, sondern auch fachübergreifende und außerfachliche Qualifikationen. Folglich ist eine Veränderung des fachbezogenen Unterrichts und damit ein verändertes methodisches Vorgehen zu vollziehen. Die Vermittlung sogenannter Schlüsselqualifikationen erfordert nicht eine weitere Anhäufung von Wissen, sondern vielmehr die Fähigkeit, Probleme lösen zu können, sich auf Kundensituationen einstellen zu können. Daher sind zur Förderung von selbständigem Handeln zunehmend handlungsorientierte und selbständigkeitsfördernde Lernformen zu finden.

Gerade bei der Ausbildung der Auszubildenden ist es wichtig, Eigenaktivität und Selbstverantwortung zu fördern. Das heißt, die Auszubildenden sollen die Fähigkeit und Fertigkeit erwerben, mit Informationsmaterial selbständig zu lernen und gleichzeitig diese Lernvorgänge in Eigenverantwortung planen, ausführen und kontrollieren zu können.

Die derzeit üblichen Maßnahmen der Aus- und Weiterbildung förderten diese Selbständigkeit oft nicht im erforderlichen Maße. Sie unterstützen vielmehr die Konsumentenhaltung der Lernenden. Der innerbetriebliche Unterricht fand oft in der klassischen Vortragsform statt. Die Auszubildenden ließen sich „berieseln". Die betriebliche Ausbildung sollte ein Gegenpol zur Berufsschule sein und nicht eine Lerninstitution. Deshalb sollte sich etwas am Lernverhalten der Auszubildenden verändern. Der Anstoß zum Lernen sollte vom Lernenden selbst ausgehen, und das Lernen sollte in einem stärkeren Maße selbstgesteuert ablaufen.

Es kommt allerdings nicht nur darauf an, daß die Mitarbeiter von sich aus lernen, sondern auch darauf, daß sie das Richtige lernen.

Das Vier-Stufen-Modell der Ausbildung der Auszubildenden – erklären, vormachen, nachmachen, üben – läßt ein selbstgesteuertes Lernen nur bedingt

zu. Wird dabei CBT integriert, so darf auch CBT nicht isoliert stehen, sondern muß mit Phasen offener, sozialkooperativer Lernprozesse kombiniert werden.
Der Erfolg bleibt dann nicht aus und zeigt sich z. B. in höherer Eigenverantwortung, in besseren Lernergebnissen und in der erfolgreichen Umsetzung am Arbeitsplatz.

Als Hauptvorteile für unser Unternehmen sehen wir:
- Zeitersparnis gegenüber dem Präsenzunterricht oder der Seminarform;
- die Abwesenheit am Arbeitsplatz kann minimiert werden;
- bei den Auszubildenden soll die eingesparte Zeit durch entsprechendes, auf das jeweilige Thema abgestellte Verkaufstraining genutzt werden
- höhere Lerneffizienz durch abwechslungsreiche Darstellung des Fachwissens in Form von Text und Grafik
- höhere Motivation durch die Bearbeitung von Planspielen und interaktiven Simulationen, die Entscheidungen des Lernenden verlangen

4.2.2. Implementierungsphase von CBT

Die neuen Medien in Verbindung mit dem technischen Fortschritt gewinnen immer mehr an Bedeutung, und dieser Trend macht auch vor der Aus- und Weiterbildung im Unternehmen nicht Halt. Vor diesem Hintergrund war auch die Geschäftsleitung von der Einführung von CBT in der Ausbildung sofort überzeugt. Neue Ideen kosten Geld. Bei uns war es keine Frage, ob und wann sich diese Kosten amortisieren werden. Im Vordergrund steht das langfristige Ziel, ein selbstgesteuertes Lernen in der Aus- und Weiterbildung zu erreichen. Wird dieses Ziel erreicht, dann lohnt sich die Investition in CBT. Selbstgesteuertes Lernen ist für die Lernenden wertvoller; hier können sie selbst die Zeit, den Weg und die Rahmenbedingungen für das Lernen bestimmen.
Wir haben unseren Auszubildenden eine Computer-Lernecke eingerichtet. Anfangs traten häufig technische Probleme auf. Bald war die Speicherkapazität des PC erschöpft, was ein weiteres Bearbeiten des jeweiligen Programmes nicht mehr zuließ. Das System war nicht stabil.
Infolge der Erweiterung der Softwarepalette (z. B. um Windows, Windows 95) und bedingt durch neue Betriebssysteme wurden auch Veränderungen der PC-Konfiguration notwendig. Zunächst zeigte sich, daß auch der neue PC noch Schwierigkeiten bereitete. Die geringe Arbeitsspeicherkapazität ließ ein reibungsloses Arbeiten nicht zu.

Damit mußte unsere Hardwareausstattung wiederum erneuert werden und zwar nun mit einem Multimedia-PC (CD-ROM-Laufwerk, Soundkarte, Lautsprecherboxen) und entsprechend großer Festplatte. Trotzdem waren mit diesen Maßnahmen nicht alle Probleme ausgeräumt. Hin und wieder gibt es auch heute noch Schwierigkeiten, die vor allem durch die unterschiedlichen Programmstrukturen bedingt sind. Die technischen Hindernisse sind teilweise sehr zeitaufwendig und behindern die Lernorganisation enorm. Daher gilt: Je besser die Hardware-Ausstattung, desto komfortabler laufen die PC-Programme.

Es ist daher ratsam, daß die Nutzer von CBT in Problemfällen, sei es bei der Bedienung der Hardware oder bei dem Verständnis des Lernprogrammes, einen Betreuer in der Nähe wissen, der ihnen weiterhelfen kann. In unserem Haus wird die Hardware durch die Abteilung „Organisation" gepflegt und als CUL-Betreuer fungiert die Ausbildungsabteilung. Die Lernecke – mit einem Computer, der ohne Netzwerkanschluß betrieben wird – befindet sich im Schulungsraum, direkt neben der Ausbildungsabteilung. Dies erweist sich als ideal, insbesondere für die Auszubildenden.

Damit alle Mitarbeiter von dieser neuen Lernmöglichkeit Kenntnis erlangen, wurde das Projekt in einer Mitarbeiterversammlung 1994 vorgestellt und zur Nutzung empfohlen. Den Abteilungsleitern in den Marktbereichen „Aktiv" und „Passiv" werden von Zeit zu Zeit die neu eingekauften Programme vorgestellt. Dies führt meist dazu, daß sie ihre Mitarbeiter zum Durcharbeiten bestimmter Module auffordern. Die Terminkoordination zur Belegung des Lern-Computers liegt in den Händen der Ausbildungsabteilung.

4.2.3. Zielgruppen für CBT-Einsatz

Weitgehend wird CBT durch die Auszubildenden genutzt, da hauptsächlich Lernprogramme zur speziellen Betriebswirtschaftslehre des Bankkaufmannes trainiert werden können.

Die Auszubildenden legen zusammen mit der Ausbildungsleitung fest, welches Modul sie bearbeiten. Das Training erfolgt hauptsächlich während der Dienstzeit. Lediglich in der Vorbereitungsphase auf die Abschlußprüfung zum Bankkaufmann absolvieren hoch motivierte Auszubildende Lernprogramme in ihrer Freizeit.

Ferner steht den Mitarbeitern zur Ergänzung des Fernstudienganges B – Grundstudium Sparkassenfachwirt/in ein Übungsprogramm zur Verfügung. Die Bearbeitung dieses Übungsprogrammes erledigen die Mitarbeiter in der Regel in ihrer Freizeit an ihrem Heimcomputer.

Ende 1996 haben wir bestimmten Mitarbeitern aufgrund von neuen bankaufsichtsrechtlichen Regelungen auferlegt, sich das Fachwissen über die Deutsche Terminbörse sowie die Mindestanforderungen für das Betreiben von Handelsgeschäften mittels CBT anzueignen. Davon betroffen waren die Bereiche Handelsabwicklung, Rechnungswesen, Risikocontrolling, Revision und sogar Vertreter der Geschäftsleitung. Dabei haben selbst die Führungskräfte bestätigt, daß die Lernsoftware sehr anspruchsvoll und interessant gestaltet sei.
Mit dieser Maßnahme hat unser Institut, mehr als 30.000 DM an Seminarkosten eingespart, die durch die Schulung von 16 Personen an 7 Tagen entstanden wären. Die Kosten für die Software betrugen dagegen ca. 4.000 DM.
Die Bearbeitungszeiten bleiben dabei unberücksichtigt, da andererseits für diesen Personenkreis auch Seminarzeiten in der Sparkassenakademie angefallen wären. Die Mitarbeiter konnten während ihrer Dienstzeit trainieren. In den meisten Fällen haben die Mitarbeiter jedoch ihren freien Nachmittag oder das Wochenende dafür gewählt.

4.2.4. Eingesetzte CBT-Programme

Im Einsatz sind mittlerweile 25 Programme, davon 22 Programme, die vom Deutschen Sparkassen Verlag vertrieben werden, wie z. B. Aktienhandel an der Wertpapierbörse, Grundlagen der Buchführung oder „SUPER IN BANKING" mit allein 15 Modulen.
Die Mitarbeiter bearbeiten vor allem Lernprogramme zur Wissensvermittlung; das sind z. B. die DTB-Programme, Beleihungswertermittlung oder Mindestanforderungen an das Betreiben von Handelsgeschäften. Den Auszubildenden dagegen stehen mehr Programme zum Anwenden, zum Wiederholen und zum Üben des Fachwissens zur Verfügung. Das Fachwissen wurde entweder am Arbeitsplatz, durch das Bearbeiten der Studienbriefe oder durch den Besuch der Berufsschule erworben. Der innerbetriebliche Unterricht wurde in Anlehnung an die Wissenvermittlung durch den Fernstudiengang und der Kombination mit den CBT-Programmen auf das Mindestmaß beschränkt. Wir nutzen durch CBT die pädagogische Erkenntnis, daß nur die stetige Wiederholung den größten Behaltensgrad bringt. Hierzu eignen sich besonders die Programmodule von „SUPER IN BANKING".
Für unser Haus ist die Adaption und die Eigenentwicklung von Programmen nicht wirtschaftlich. Der Softwaremarkt bietet mittlerweile günstige und gute Programme für alle Fachbereiche. Dabei ist die Unterstützung durch den Deutschen Sparkassen Verlag und die Deutsche Sparkassenakademie sehr sinnvoll. Diese Institutionen bieten speziell auf die Bedürfnisse der Sparkas-

senorganisation abgestimmte eigenentwickelte Lernprogramme an sowie Lernprogramme, die auf dem freien Markt erworben und einer qualitativen Vorprüfung unterzogen wurden. Die Sparkassen und Landesbanken können also davon ausgehen, daß sie ein qualitativ hochwertiges Produkt kaufen. Zudem ist das Angebot für die Institute der Sparkassenorganisation wesentlich günstiger als auf dem freien Markt.

4.2.5. Integration von CBT

Bis Mitte 1996 wurden unseren Auszubildenden einzelne Lernprogramme nur zur Wiederholung und Vertiefung des Fachwissens, das im Blockunterricht, im innerbetrieblichen Unterricht und mit dem „Fernstudiengang E – Grundwissen Bankwirtschaft" erworben wurde, angeboten. Stark genutzt wurde CBT insbesondere vor der schriftlichen Prüfung.
Durch die konsequente Integration der Lernprogramme in den Ausbildungsrahmenplan der Auszubildenden des Ausbildungsjahrgangs 1996, verknüpft mit der Bearbeitung der Studienbriefe des Fernstudienganges E, möchten wir eine Veränderung des Lernverhaltens erreichen.
Die Auszubildenden arbeiten teilweise in der Gruppe oder einzeln. Die Koordination, wer zu welchem Zeitpunkt welches Modul bearbeitet, erfolgt durch die Ausbildungsleitung. Gemeinsam wird anschließend vereinbart, wann der jeweilige Lehrbrief in Klausur geschrieben wird. Begleitet werden die Auszubildenden beim Bearbeiten der Lernmodule entweder durch die Ausbildungsleitung oder durch Auszubildende des nächsthöheren Ausbildungsjahrganges.
CBT bietet auf der Grundlage des Ausbildungsrahmenplans interaktive Lernsequenzen an, durch welche die Auszubildenden ausbildungsbegleitend die erforderlichen Kenntnisse und Fertigkeiten anwenden, erproben, vertiefen und überprüfen können. Soweit bestimmte Kenntnisse fehlen sollten, werden die Auszubildenden angeregt, sich diese Kenntnisse zu beschaffen und anzueignen. Damit kann selbst eine größere Gruppe von Auszubildenden gleichzeitig auf einen homogenen Wissensstand gebracht werden. Bekanntlich können nicht alle Auszubildenden gleichzeitig in der entsprechenden Fachabteilung ausgebildet werden.

4.2.6. Ergebnisse des CBT-Einsatzes

Wir möchten mit dem Einsatz von CBT und der Kombination mit dem Fernstudiengang E die Eigeninitiative in der Ausbildung fördern und die Auszubildenden trotzdem nicht alleine lassen.

Die nachfolgenden Beispiele zeigen die durchaus guten Ergebnisse auf, die dabei erzielt werden. Die Auszubildenden erarbeiteten sich das Fachwissen wie folgt:

- Beispiel 1: „Wertpapiergeschäft"
  1. Durcharbeiten von zwei Studienbriefen aus Fernstudiengang E
  2. Bearbeiten der Lernprogramme Aktienhandel, Wertpapiere und Effekten, Börsenhandel und die DTB-Einführung entweder einzeln oder in 2er-Gruppen
  3. Workshop, mit einem Zeitaufwand von vier Stunden, zur Nachbereitung des Erlernten
  4. Schreiben der zwei programmierten Aufgabensätze unter Aufsicht

Folgende Ergebnisse wurden nach dem IHK-100-Punkte-System erzielt:
70 – 75 Punkte   17% der Teilnehmer
75 – 80 Punkte   8% der Teilnehmer
80 – 85 Punkte   17% der Teilnehmer
85 – 90 Punkte   33% der Teilnehmer
90 – 95 Punkte   25% der Teilnehmer

Die Ergebnisse sind sogar noch höher zu bewerten, wenn man bedenkt, daß dieser Themenbereich zu diesem Zeitpunkt noch nicht einmal im Blockunterricht in der Berufsschule abgehandelt wurde.

- Beispiel 2: „Zahlungsverkehr"
  1. Bearbeiten eines Studienbriefes in Hausarbeit,
  2. danach das Lernprogramm „Zahlungsverkehr Inland",
  3. in einem 4-stündigen Workshop wurde das Erlernte nachbereitet, und
  4. anschließend wurde der programmierte Aufgabensatz als Klausur geschrieben.

Die Ergebnisse lagen etwas unter den Ergebnissen aus dem vorigen Beispiel:
70 – 75 Punkte   57% der Teilnehmer
75 – 80 Punkte   43% der Teilnehmer

Die Berufsschule war zu diesem Zeitpunkt mit ihrer Stoffvermittlung noch nicht so weit. Durch das Training mit CBT, infolge der kundenbezogenen Fallstudien, der Simulationen und der unzähligen Fragen und Bearbeitungsaufträge, verbesserten sich auch die Prüfungsergebnisse deutlich.

4.2.7. Zukünftiger CBT-Einsatz

CBT sollte auch verstärkt in der Fortbildung eingesetzt werden können. Voraussetzung sind natürlich entsprechende Programme, die leider heute z.T. noch fehlen. Erste Ansätze sind geschaffen, mit den Modulen „Verbraucherkreditgesetz", „Geldwäsche", „Anlagegerechte Beratung" und „Mindestanforderungen an das Betreiben von Handelsgeschäften". Weitere Programme speziell für die Kundenberater sollten in der Sparkassenorganisation evtl. mit Partnern erstellt werden.

4.3. Resümee

CBT stellt lediglich die Unterstützung von Lernprozessen dar, so daß zur Ergänzung nach wie vor andere Unterrichtsformen notwendig sind. Um diese Unterstützungsfunktion adäquat erfüllen zu können, muß CBT jedoch konzeptionell auf diejenigen Lernprozesse in der betrieblichen Aus- und Weiterbildung abgestimmt sein, die es unterstützen soll.
Das bedeutet, daß CBT nicht isoliert stehen darf, sondern integriert werden muß. Erfolgt dies konsequent, wird es von den Betroffenen auch akzeptiert. Der häufigste Einwand gegen CBT, es werde dadurch das soziale Lernen reduziert, können wir nicht bestätigen, da die nun vorhandenen Freiräume zu verkaufsfördernden Maßnahmen und Diskussionen genutzt werden.

Wichtigste Fragen beim Einsatz von CBT sollten immer sein:
- Wer soll mit CBT geschult werden?
- Was soll mit CBT geschult werden – Wissensvermittlung oder Wissensanwendung?
- Erfüllen die ausgewählten Programme die an sie gestellten Anforderungen?

Fußnoten

1. Interview by Dr. Soraya Ali-Pasterny, Cambridge Training and Development Ltd.
2. Interview by Dr. Soraya Ali-Pasterny, Cambridge Training and Development Ltd.
3. Interview by Marita Aho, M.Sc., Confederation of Finnish Industry and Employers, Helsinki.
4. Interview by Marita Aho, M.Sc., Confederation of Finnish Industry and Employers, Helsinki.
5. Interview von Dr. Monika Thum, Institut für Bildungsforschung der Wirtschaft, Wien.
6. Interview von Dr. Monika Thum, Institut für Bildungsforschung der Wirtschaft, Wien.
7. by Ole Buhl (Distance Learning) and Elin Fredsted (Multi Media Learning), Southern Denmark Business School.
8. von Dr. Eckart Severing und Thomas Reglin (bfz Bildungsforschung, Nürnberg).
9. Jedenfalls gilt das, wenn – wie hier – unter Tele-Lernen nicht einfach die Distribution von althergebrachten CBT-Programmen per Datenleitung verstanden wird („CBT on demand").
10. Zur näheren Beschreibung des Ziele des Projekts vgl. Bundesministerium für Bildung Wissenschaft, Forschung und Technologie (Hrsg.): Berufsbildungsbericht 1996. Bonn 1996. S. 111–112. Zu den Ausgangspunkten des Projekts vgl. Severing, E.: Interaktive Medien des Fernunterrichts für Betriebe. In: Grundlagen der Weiterbildung 4.1995, S. 228–231. Informationsmaterial kann beim Projektträger angefordert werden oder über http://www.bfz.de abgerufen werden. Nach Abschluß der ersten Feldphase werden Veröffentlichungen zum didaktischen Design und zur betrieblichen Implementierung folgen.
11. von Sabine Koch (Deutsche Sparkassenakademie, Bonn); Teil 4 (Erfahrungsbericht der Sparkasse Donnersberg) von Doris Beerbaum.
12. Aus: „Den Erfolg vorbereiten", Deutscher Sparkassen Verlag, 1997.
13. Aus: „Den Erfolg vorbereiten", Deutscher Sparkassen Verlag, 1997.

Teil 4:
Kurzfassung der Unternehmensbefragung

1. Zur Studie

Im Rahmen des europäischen Berufsbildungsprogrammes LEONARDO DA VINCI wurde die Industriellenvereinigung Österreichs als Projektträger mit der Koordination der Studie „Sicherung der Wettbewerbsfähigkeit des Industriestandortes Europa durch innovative betriebliche Weiterbildung: Der Einsatz von Computer Based Training – eine vergleichende Studie" beauftragt. Die Erhebung wurde von einer europäischen Partnerschaft durchgeführt, die auf einer engen Zusammenarbeit zwischen Universitäten, außeruniversitären Forschungseinrichtungen, privaten Weiterbildungsanbietern, Unternehmen und Arbeitgeberverbänden beruht. Die Projektpartner stammen aus Österreich (Institut für Bildungsforschung der Wirtschaft, Wien), Deutschland (Ruhr-Universität Bochum), Dänemark (Southern Denmark Business School, Sønderborg), Finnland (Confederation of Finnish Industry and Employers, Helsinki) sowie Großbritannien (Cambridge Training and Development Company, Cambridge), als assoziierte Projektpartner wirkten die Oberösterreichische Kraftwerke AG (Linz) und Siemens Österreich (Wien) mit.

Zentrale Fragestellung der Studie ist die Untersuchung des Stellenwertes von Computer Based Training (CBT) im Rahmen der betrieblichen Bildungsarbeit in unterschiedlichen europäischen Ländern. Kernstück der Studie war eine schriftliche Unternehmensbefragung in allen beteiligten Ländern, ergänzt durch die Erstellung von Cases of Good Practice aus den beteiligten Ländern.

Hauptziel der empirischen Analyse war es, die Verbreitung von CBT in Unternehmen, ihre Einsatzbereiche, Lernarrangements sowie die Form der Eingliederung in das betriebliche Bildungskonzept zu erheben und wahrgenommene Vor- und Nachteile von CBT sowie Problemfelder des CBT-Einsatzes sowie das Nachfrageverhalten von Unternehmen zu erheben. Daraus wurden Schlußfolgerungen hinsichtlich des zukünftigen CBT-Einsatzes und Ansatzpunkten zu dessen Intensivierung abgeleitet.

Generell ist in der Literatur ein sehr unterschiedliches Verständnis hinsichtlich des Begriffes CBT festzustellen. Im Rahmen dieser Arbeit werden darunter „computergestützte interaktive Lernprogramme im Zuge der betrieblichen Bildungsarbeit" verstanden, d.h. Benutzer können aktiv Programmabläufe beeinflussen und individuell gestalten. Entsprechend der Unternehmenspraxis wurde, um Begriffsunklarheiten zu vermeiden, dabei nicht genau zwischen den Begriffen CBT und Multimedia unterschieden.

In den fünf teilnehmenden EU-Staaten beteiligten sich insgesamt 470 mittlere und größere Unternehmen an der Erhebung. Der höchste Rücklauf war in Finnland mit 151 Fragebögen zu verzeichnen, gefolgt von Österreich (95), Deutschland (91), Dänemark (64) und Großbritannien (64). Nach Branchen entfiel jedes vierte Unternehmen auf den Bereich der Grundstoff- und Produktionsgüter, gefolgt von Verbrauchsgütern (19%) und Investitionsgütern (15%). Dabei zeigen sich aufgrund der in den einzelnen Ländern sehr unterschiedlichen Firmenstruktur deutliche Unterschiede hinsichtlich Branchen- und Größenverteilung.
Von den antwortenden Unternehmen waren etwa die Hälfte multinationale Unternehmen. Die höchsten Anteile wiesen Österreich (59%) und Dänemark (57%) auf, gefolgt von Deutschland (53%), Großbritannien (50%) und Finnland (40%). Der Medianwert des Umsatzes beträgt (ohne Banken und Versicherungen) 74,6 Mio. ECU und hängt erwartungsgemäß stark mit der Unternehmensgröße zusammen (bei kleinen und mittleren Unternehmen 18,6 Mio. ECU, bei Großunternehmen 1.555 Mio. ECU).
Der Medianwert der Mitarbeiterzahl liegt bei 500. In Deutschland liegt er aufgrund der vielen antwortenden Großunternehmen bei 5.000 Mitarbeitern, in den anderen Ländern ist er weitaus geringer und liegt zwischen 311 in Großbritannien (da sich an der Erhebung eine Reihe von Dienstleistungsunternehmen aus der Trainings- und Beratungsbranche beteiligten) und 388 in Österreich.

2. Betriebliche Rahmenbedingungen für den CBT-Einsatz

2.1. Personalentwicklungskonzepte

Eine wichtige Rahmenbedingung für die Integration von CBT in die betriebliche Bildungsarbeit ist das Vorhandensein einer Weiterbildungs- bzw. Personalentwicklungsabteilung. Fast die Hälfte der antwortenden Unternehmen hat keine eigene Weiterbildungs- oder PE-Abteilung, der Rest verfügt über eine zentrale Abteilung oder bereits wieder dezentrale PE-Stellen (Großbetriebe mit dezentralisierter Bildungsarbeit). Zu berücksichtigen ist sicherlich, daß Weiterbildungsarbeit nicht an das Vorhandensein einer eigenen Organisationseinheit gebunden ist.

2.2. Computereinsatz im Weiterbildungsmanagement

Etwa die Hälfte der Unternehmen setzen Computer administrativ zur Seminarplanung ein, etwa ein Drittel zur Mitarbeiterschulung. Etwa jedes dritte Unternehmen setzt Computer auch für Präsentationen des Unternehmens ein bzw. nutzt mit ihnen eine Weiterbildungsdatenbank. Etwa jedes siebente Unternehmen führt computergestützte Planspiele durch. Dagegen sind Telekon-

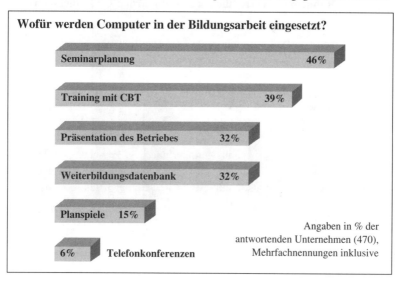

Wofür werden Computer in der Bildungsarbeit eingesetzt?

- Seminarplanung 46%
- Training mit CBT 39%
- Präsentation des Betriebes 32%
- Weiterbildungsdatenbank 32%
- Planspiele 15%
- Telefonkonferenzen 6%

Angaben in % der antwortenden Unternehmen (470), Mehrfachnennungen inklusive ferenzen mit 6% noch sehr wenig verbreitet (Ausnahme: Großbritannien mit 19%). Insbesondere Großunternehmen führen computergestützte Planspiele durch, fragen online Weiterbildungsdatenbanken ab und setzen in ihrem Bildungsmanagement Computer ein.

2.3. Eingesetzte Lernformen

Die weitaus meisten Unternehmen arbeiten mit Externen zusammen oder greifen auf Angebote anderer Unternehmen zurück. Jeweils drei von vier Unternehmen bilden am Arbeitsplatz weiter bzw. führen innerbetriebliche Seminare durch, 30% schulen in einem Trainingscenter des Unternehmens. Etwa jedes fünfte Unternehmen gibt an, daß sich Mitarbeiter (auch) zuhause weiterbilden. Selbstlernzentren sind in etwa jedem zehnten Unternehmen installiert (meist in Großunternehmen bzw. bei Bildungsanbietern, wie den britischen TECs). Erwartungsgemäß gewinnen mit steigender Unternehmensgröße innerbetriebliche Seminare, betriebliche Trainingszentren, (ergänzendes) Heimstudium sowie betriebliche Selbstlernzentren deutlich an Bedeutung.

3. Verbreitung von CBT in der betrieblichen Bildungsarbeit

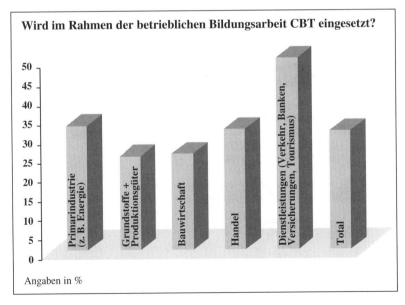

Ob CBT in der Bildungsarbeit eingesetzt wird, hängt in erster Linie von der Branchenzugehörigkeit und im weiteren von der Anzahl der Mitarbeiter ab. Länderspezifische Unterschiede werden davon überlagert.

So gibt jedes zweite Unternehmen im Bereich der Banken, Versicherungen und des Verkehrs und des Nachrichtenwesens an, CBT einzusetzen. Bei den Grundstoff- und Produktionsgüter-Unternehmen spielt CBT nur bei jedem vierten Betrieb eine Rolle.

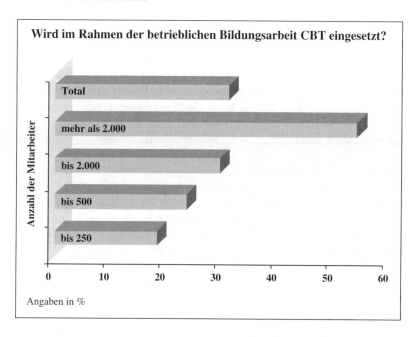

Bei Betrieben mit bis zu 250 Mitarbeitern arbeiten zwei von zehn mit CBT, bei Großunternehmen (mehr als 2.000 Mitarbeiter) sind es bereits mehr als die Hälfte der Befragten (54%), die in der Weiterbildung (auch) CBT einsetzen.

Unternehmen, die CBT-Produkte einsetzen, können zusammenfassend folgendermaßen charakterisiert werden:
- Sie sind deutlich häufiger multinationale Unternehmen.
- Sie haben eher viele Mitarbeiter (Medianwert 1.100, bei Nichtnutzern: 370).

- Sie haben häufiger eine Weiterbildungs-/PE-Abteilung oder auch ein spezielles Trainings- oder Selbstlernzentrum (d.h. verfügen über Weiterbildungsspezialisten und entsprechende Infrastruktur).
- Sie haben deutlich höhere Umsätze und Trainingsbudgets als Nicht-Nutzer.
- Sie setzen generell stärker Computer in der Bildungsarbeit ein (z.b. Seminarplanung, Planspiele, Präsentationen, Datenbanknutzung).

Im Zusammenhang mit der Betrachtung des Einsatzes von CBT im Unternehmen spielt auch die Frage, wer für die *Anschaffung* von CBT-Produkten zuständig ist, eine zentrale Rolle: CBT-Programme werden in zwei von drei Unternehmen durch die Trainings/PE-Abteilung eingekauft, in 39% der Fälle erfolgt der Ankauf durch die EDV-Abteilung. Dagegen erfolgt nur in jeweils jeder fünften Unternehmung der Ankauf direkt durch Vorgesetzte bzw. durch einen CBT-Experten des Unternehmens. Externe Berater spielen in diesem Zusammenhang praktisch keine Rolle. Je kleiner das Unternehmen, desto eher wird der jeweilige Vorgesetzte genannt. Auch die Frage nach dem verantwortlichen Koordinator ergibt ein weitgehend gleiches Bild.

Der *Anteil der CBT-Kosten am Weiterbildungsbudget* des jeweils letzten Geschäftsjahres ist eher gering und beträgt als Medianwert 5% des letzten Weiterbildungsbudgets (bei Extremwerten von 1 bis 70%). Dieser Anteil liegt in Großbritannien, Finnland und Österreich mit jeweils 5% am relativ höchsten. Allerdings läßt sich bei der Beantwortung dieser Frage ein weitgehendes Defizit hinsichtlich der Kostenerfassung in diesem Bereich erkennen.

Auch die Frage nach dem *zeitlichen Anteil am Weiterbildungsvolumen* erbringt ein ähnliches Ergebnis: Der Medianwert für den zeitlichen Anteil von CBT-Weiterbildung an den gesamten Weiterbildungsstunden beträgt 5%. Er ist in Finnland mit 10% am höchsten, in Dänemark mit 3% am geringsten. Nach der Unternehmensgröße ergeben sich keine signifikanten Unterschiede.

CBT-Weiterbildung wird weitgehend in der *Dienstzeit* durchgeführt. Als Medianwert ergab sich 80%. Nach der Unternehmensgröße ergeben sich keine signifikanten Unterschiede.

4. Einsatzbereiche und Inhalte

4.1. Arbeitsbereichen

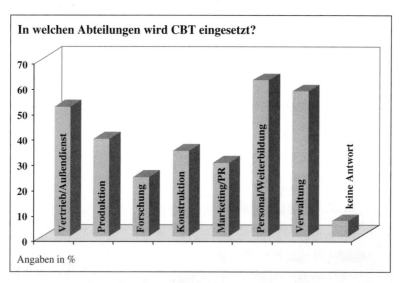

Die Arbeitsbereiche, in denen CBT-Programme häufig eingesetzt werden, sind Vertrieb/Außendienst, Verwaltung und Personal/Weiterbildung selbst. Weitere Einsatzbereiche von CBT sind branchenabhängig, so etwa werden in Betrieben der Baubranche CBT-Programme vermehrt in den Konstruktionsabteilungen eingesetzt, in der Energiewirtschaft in der Produktion.

4.2. Inhalte

Die befragten Unternehmen setzen CBT-Produkte gezielt zum Abbau von Wissensdefiziten bzw. zum Erwerb von Fertigkeiten in bestimmten Bereichen ein:
An erster Stelle wird der Bereich des EDV-Trainings genannt, gefolgt von technischem Wissen und Sprachtraining. In Österreich und Deutschland wird kaufmännisches Wissen häufiger als in den anderen Ländern mit CBT-Programmen vermittelt. In Finnland setzt man im Sprachtraining, in England im Kommunikationstraining vermehrt auf CBT.
EDV-Trainings mit CBT-Programmen werden vor allem in der Produktions-, Investitions- und Verbrauchsgüterindustrie eingesetzt. In größeren – vorwie-

gend multinationalen – Unternehmen werden vermehrt Sprachtrainings durchgeführt.

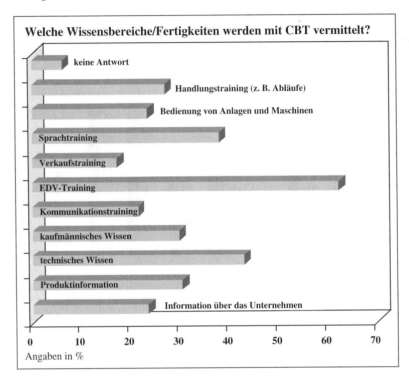

5. Überprüfung von Kosten/Effizienz von CBT

Lediglich drei von zehn der Unternehmen, die CBT einsetzen, gaben an, diesbezüglich auch Kosten/Effizienzüberprüfungen durchzuführen. Tendenziell nennen größere Unternehmen etwas öfter die Durchführung entsprechender Überprüfungsmaßnahmen.

Dieses spürbare Evaluierungsdefizit zeigt sich noch deutlicher, wenn man nach der von den Unternehmen *eingesetzten Form der Überprüfung von Kosten und Effizienz* fragt.

Am häufigsten wird – in zwei von drei Unternehmen mit Evaluierungsbemühungen – eine Befragung der Mitarbeiter hinsichtlich Leistungsverbesserung durchgeführt, 50% der Unternehmen erfassen die Anzahl der geschulten Mitarbeiter, 40% die Häufigkeit des Einsatzes. Jeweils nur jedes vierte Unternehmen erfaßt die Anschaffungs- und Entwicklungskosten. Jedes dritte Unternehmen gibt an, eine Kosten/Nutzen-Analyse durchzuführen. Dies ist insbesondere in den großen Unternehmen in Deutschland der Fall, wo weit über die Hälfte der Unternehmen eine entsprechende Analyse durchführt.

In Großunternehmen werden deutlich öfter als in kleinen und mittleren Unternehmen die Häufigkeit des Einsatzes von CBT sowie die Zahl der geschulten Mitarbeiter und die Kostenseite dokumentiert sowie auch Kosten-Nutzen-Analysen durchgeführt.

Angesichts des Defizites an Aufzeichnungen der Weiterbildungskosten und an Evaluierungsinstrumenten – und nochmals verstärkt speziell für den Bereich von CBT-Produkten – ist es nicht verwunderlich, daß die Frage nach dem *Break-Even-Point* (im Vergleich von CBT zu konventionellen Seminaren) nur von einer Minderzahl der Unternehmen beantwortet wurde. Dabei ist weit über die Hälfte der Unternehmen der Meinung, daß ab einer Zahl von 50 zu schulenden Mitarbeitern Weiterbildung mittels CBT kostengünstiger sei als durch entsprechende konventionelle Seminare. Interessant ist, daß mit zunehmender Unternehmensgröße (und Einsatzerfahrung mit CBT) diese „Break-Even-Point"-Schätzung sich nach oben verschiebt: Bei Unternehmen mit über 500 Mitarbeitern ist nur mehr ein Drittel der Meinung, daß die Zahl von 50 Weiterbildungsteilnehmern bereits für einen CBT-Einsatz spricht. Bei ihnen reichen die Schätzungen bereits bis zu 500 Mitarbeitern. Hier scheinen aufgrund von Erfahrungen mit CBT, insbesondere auch bezogen auf Anschaffungs- und Entwicklungskosten sowie den notwendigen Aufwand für Supportstrukturen realistischere Einschätzungen die Folge zu sein.

6. Zielgruppen

Als Zielgruppen für Weiterbildung mittels CBT steht das Verwaltungspersonal mit 75% an der Spitze. In jeweils zwei von drei Unternehmen werden Techniker und Mittelmanagement mit CBT weitergebildet. In jeweils einem Drittel der Unternehmen werden Neueintretende sowie Kundendienst/Verkauf mit CBT weitergebildet.

In jedem zehnten Unternehmen – führend dabei Großbritannien und Finnland – werden Mitarbeiter anderer Unternehmen mit CBT weitergebildet (wobei die Häufigkeit mit der Unternehmensgröße zunimmt).

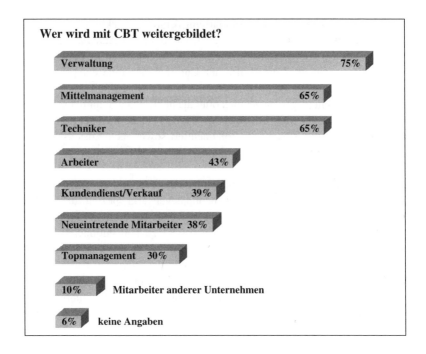

7. Einordnung in Lernarrangements

7.1. Kombination mit anderen Weiterbildungsformen

Auf den zeitlich und kostenmäßig eher geringen Anteil von CBT am Gesamtaufwand für betriebliche Weiterbildung wurde bereits hingewiesen. Interessant ist deshalb die Frage, inwieweit CBT als Ersatz bzw. Ergänzung von traditionellen Lehrveranstaltungen gesehen wird bzw. inwieweit CBT in diese integriert wird.

Es zeigte sich, daß CBT-Programme zumeist zusätzlich zu den laufenden Bildungsmaßnahmen eingesetzt werden, aber auch häufig anstelle von Seminaren. Häufig genannt wurde auch die Vorbereitung auf Seminare (d.h. zur Verbesserung der Homogenität der Zielgruppe, wie z.B. durch Abdeckung individueller Wissensdefizite vor Beginn eines Lehrganges). Ein Ersatz von Seminaren durch CBT-Produkte wird am häufigsten vom Handel genannt, was auf die hohe Bedeutung von Produktschulung mit CBT hindeutet.

7.2. Form des Einsatzes von CBT-Produkten

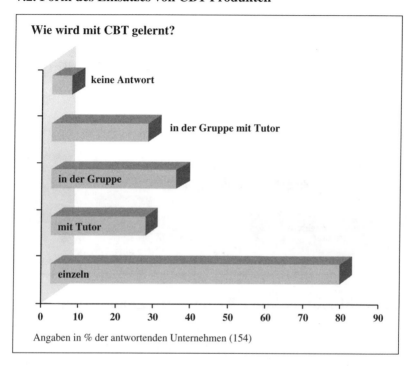

Wie wird mit CBT gelernt?

Angaben in % der antwortenden Unternehmen (154)

CBT-Programme sind – trotz der in der Literatur immer wieder hervorgehobenen Wichtigkeit der Sozialkontakte während der Lernphasen – vornehmlich als Selbstlernprogramme konzipiert (80%). Mit zunehmender Unternehmensgröße wird CBT deutlich öfter in Form von Lerngruppen mit und ohne Tutoren eingesetzt. Dies ist einerseits darauf zurückzuführen, daß mit steigender Mitarbeiterzahl eher Lerngruppen gebildet werden können, andererseits ist hier auch die Unterstützung durch Weiterbildungsexperten mit zu berücksichtigen.

Von den CBT-Nutzern setzt fast die Hälfte *Standard-CBT-Programme* regelmäßig, der Rest eher selten ein. Eine *Adaption* von CBT-Programmen bzw. der Ankauf maßgeschneiderter CBT-Programme, oder die *Entwicklung* eigener CBT-Produkte – was wiederum einen Zeit- und Kostenaufwand bedeutet und entsprechendes internes Wissen voraussetzt – wird demgegenüber erwartungsgemäß seltener durchgeführt (nur von 20% häufig/ständig).

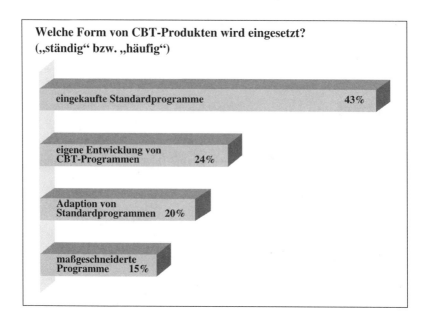

8. Nicht-Nutzer von CBT und ihre Zukunftspläne

Von jenen Unternehmen, die zum Zeitpunkt der Untersuchung CBT noch nicht verwenden, plant ein Drittel, CBT in naher Zukunft für die Schulung ihrer Mitarbeiter einzusetzen. Überdurchschnittlich viele Unternehmen planen den Einsatz von CBT-Produkten in Finnland (knapp 50%) und in Großbritannien (42%), bzw. in den Branchen Energie und Bergbau.
Aus der Befragung kristallisierten sich ganz deutlich zwei Voraussetzungen heraus, die den Einsatz von CBT begünstigen: Jeweils sieben von zehn Befragten würden CBT in der betrieblichen Weiterbildung einsetzen, wenn erstens das Kosten-Nutzenverhältnis gegenüber den herkömmlichen Weiterbildungsformen günstiger ist, und zweitens weil dadurch die Möglichkeit zur inhaltlichen, örtlichen und zeitlichen Flexibilisierung der Weiterbildung besteht.

9. Informationsstand der Befragten

Vier von zehn der Befragten gaben an, über CBT-Programme gut informiert zu sein. Sehr weiterbildungsaktive Unternehmen (Versicherungen und Kreditinstitute, generell Großunternehmen) weisen einen überdurchschnittlich hohen Informationsgrad auf. Die Informationen entnehmen die Befragten zumeist Fachzeitschriften und Prospektmaterial. Anwender von CBT-Programmen informieren sich darüber hinaus auch noch vermehrt bei Expertengesprächen, Messen, Kongressen, Symposien etc.

10. Mögliche Vor- und Nachteile aus Unternehmenssicht

Als mögliche Vorteile von CBT-Programmen sehen die antwortenden Unternehmen die Möglichkeit, auf das individuelle Lerntempo eingehen zu können, die freie Zeiteinteilung und die Wahl des Lernzeitpunktes. Der Dienstleistungsbereich (inkl. Trainingsanbietern) und die Großunternehmen sehen im Einsatz von CBT-Programmen auch eine kostengünstige Weiterbildungsmethode. Generell zeigt sich, daß die Erfahrung mit CBT-Programmen die Zustimmung erhöht. Die Vorteile dieser Lernmethode werden durch den Gebrauch erst richtig deutlich. Vor allem Vorteile wie Akzeptanz des Lernmediums, guter Lernerfolg, kostengünstige Lernmöglichkeit werden von den Nutzern höher bewertet.

Mehr als 40% fürchten den Verlust der persönlichen Atmosphäre, jeweils ein Drittel eine gewisse soziale Isolation bzw. technische Probleme und für ein Viertel sind die Entwicklungskosten oder die Kosten für die Anschaffung der Infrastruktur zu hoch. Immerhin noch 30% der Befragten bemängeln die methodisch-didaktische Aufbereitung der Software.

Sowohl diejenigen, die bereits CBT-Programme einsetzen, als auch die „Non User" wurden gebeten, die Vorteile zu nennen. Generell zeigt sich, daß die Erfahrung mit CBT-Programmen die Zustimmung erhöht. Die Vorteile dieser Lernmethode werden durch den Gebrauch erst richtig deutlich. Vor allem Vorteile wie Akzeptanz des Lernmediums, guter Lernerfolg, kostengünstige Lernmöglichkeit werden von den Nutzern höher bewertet.

11. Zukunftsperspektiven

Über die Hälfte der Befragten meint, daß *CBT-Programme in Zukunft mit anderen Weiterbildungsinstrumentarien gemeinsam eingesetzt* werden. Dieser Meinung ist man überdurchschnittlich häufig in Deutschland (91%), in Dänemark (89%) und in Österreich (76%), gefolgt von Großbritannien (57%) und Finnland mit 9%.

Durchschnittlich glauben etwas über 40%, daß CBT *das Weiterbildungsinstrument der Zukunft* sein wird. Hier liegt Finnland mit weitem Abstand (91%) an der Spitze, gefolgt von Großbritannien (40%) und Österreich (20%). Eher selten dieser Meinung sind Unternehmen in Dänemark (9%) und Deutschland (8%). Besonders Unternehmen mit weniger als 500 Mitarbeitern setzen auf diese Lernform große Hoffnungen.

Ein Drittel der Befragten wird in Zukunft in Hardware investieren, knapp die Hälfte plant, die Software aufzustocken.). Jene, die bereits mit CBT-Programmen arbeiten und jene, die sich gut informiert fühlen, sind auch in der Zukunft investitionsfreudiger.

Von den Unternehmen werden auch unterstützende Maßnahmen genannt, welche den CBT-Einsatz fördern könnten. Deutlich ist der Wunsch nach Qualitätskriterien, nach Verbesserung der Anbotstransparenz und objektiver Beratung. Dabei benötigen die Nicht-Nutzer am häufigsten objektive Beratung und unabhängiges Informationsmaterial, Nutzer legen dagegen Wert auf Testberichte und wissenschaftliche Untersuchungen.

12. Schlußfolgerungen

Unter den *Nicht-Nutzern von CBT* sind drei Problemfelder auszumachen:
- Euphorie und überzogene Erwartungen an CBT (z. B. Kostenminimierung, vollständiger Ersatz von Trainingsmaßnahmen und -abteilungen durch CBT-Einsatz, keine Akzeptanzprobleme bei den Weiterbildungswilligen)
- es werden Nachteile (wie z. B. soziale Isolation der Lernenden) befürchtet
- es fehlen Informationen über das Angebot sowie über Kriterien, anhand derer die Qualität von Programmen beurteilt werden könnte.

Diese Problemfelder können dadurch abgebaut werden,
- daß über realistische Cases of Good Practice (auch aus kleinen und mittleren Unternehmen) überzogene Erwartungen relativiert werden
- daß über das Angebot von „Schnuppermöglichkeiten", über testimonials oder Expertengespräche befürchtete Nachteile widerlegt werden
- daß Qualitätskriterien erarbeitet und propagiert werden
- daß neutrale Beratungs- und Anlaufstellen für Informationen eingerichtet werden

- daß Angebotsübersichten (z. B. Programmkataloge) geschaffen werden
- daß anhand von Modellprojekten Kosten und Nutzen wissenschaftlich fundiert herausgearbeitet werden

CBT-Nutzer dagegen setzen sich bereits mit CBT auseinander. Vorteilhaft wirkt sich hier insbesondere aus, daß Nutzer generell mehr Vorteile und weniger Nachteile sehen als Nicht-Nutzer. Allerdings sehen sie sich stärker mit aus dem aktuellen Betrieb resultierenden Problemen konfrontiert (z. B. Probleme technischer Natur, Aktualisierungsprobleme, didaktische Schwächen einzelner Produkte). Ihre auftretenden Fragen und Probleme sind also bereits sehr viel konkreter und dringlicher. Dies gilt im großen und ganzen tendenziell auch für diejenigen Nicht-Nutzer, die bereits für die nächste Zukunft *CBT-Einsatz* planen.

Ansatzmöglichkeiten bieten hier z. B.
- das Angebot einer möglichst fachspezifischen CBT-Beratung bzw. einer Hotline für Problem- und Spezialfälle von Anwendern
- spezielle Informationen über Neuerungen und Entwicklungstendenzen, z. B. mit Verbreitung über Messen
- Publikation von Testberichten über neue Entwicklungen und Produkte
- Förderung des Wissenstransfers über Erfahrungsaustauschgruppen, Fachkongresse und spezielle Workshops

Darüberhinaus ist als weitere Zielgruppe eine (kleinere) Gruppe von Unternehmen zu beachten, die nach einem ersten (zu euphorischen) Einsatz *nun keine weiteren Aktivitäten* im CBT-Bereich mehr setzen will und die u. U. ihre Fehlerfahrungen an andere Interessenten weiterleitet. Da hier grundsätzliches Interesse vermutet werden kann, ist eine ergänzende fachliche Beratung, die an den aufgetauchten betrieblichen Anwendungsproblemen ansetzt, ebenso zielführend wie das Angebot einer Hotline-Beratung.

Literatur

Arnold, R.: Betriebliche Weiterbildung, Reihe Grundlagen der Berufs- und Erwachsenenbildung 3, Hohengehren 1995 (2. A.).

Bodendorf, F.: Computer in der fachlichen und universitären Ausbildung. München und Wien 1990.

Bower, G./Hilgard, E.: Theorien des Lernens. Stuttgart 1983.

Boydell, T.: Management Self-Development, Genf 1985.

Brandsma, J./Kessler, F./Münch, J.: Berufliche Weiterbildung in Europa, Bielefeld 1995.

Brewster, C./Hegewisch, A. (Hrsg.): Policy and Practice in European Human Resource Management – The Price Waterhouse Cranfield Survey, London und New York 1994.

Euler, D.: Qualitätskriterien zur Auswahl und Bewertung von CBT-Software, in: ÖAF-Symposium „Einsatz von computerunterstütztem Unterricht im Aus- und Weiterbildungsbereich", Wien 1991.

Euler, D.: Didaktik des computerunterstützten Lernens. Nürnberg 1992.

Entwurf für eine Entschließung des Rates über Bildungssoftware und Multimedia in den Bereichen allgemeine und berufliche Bildung vom 26.3.96, Brüssel 1996.

Europa und die globale Informationsgesellschaft, Empfehlungen für den Europäischen Rat; 26.5.94, Brüssel 1994.

Europäische Kommission: Weißbuch zur allgemeinen und beruflichen Bildung, Lehren und Lernen: Auf dem Weg zur kognitiven Gesellschaft, Brüssel 1995.

Europäische Kommission: Communication from the Commission to the Council and the Parliament on „Standardization and The Global Information Society: The European Approach" COM (96) 359 vom 24.7.1996(a).

Europäische Kommission: Annex zu Task Force Report of July 1996 (SEC 961426): Educational Multimedia in the European Union and in the Main Third Countries, Brüssel 1996(b).

Europäische Kommission: Mitteilung der Kommission an den Rat, das Europäische Parlament, den WSA und den Ausschuß der Regionen: „Europa als Wegbereiter der globalen Informationsgesellschaft: Dynamischer Aktionsplan" vom 27.11.96, Brüssel 1996(c).

Europäische Kommission: Leben und Arbeiten in der Informationsgesellschaft – im Mittelpunkt der Mensch, KOM (96) 359 endg., Brüssel 1996(d).

European Commission: Task Force Multimedia Educational Software: Lifelong Learning in the Information Society: Final Report, Brussels 1996.

Glowulla, U./Schoop, E.: Computer in der Aus- und Weiterbildung: Potentiale, Probleme und Perspektiven . In: Glowulla, U./Schoop, E. (Hrsg.): Proceedings of Hypertext und Multimedia: Neue Wege in der computerunterstützten Aus- und Weiterbildung. Berlin u.a. 1992, S. 4-19.

Greif S./Kurtz H.-J. (Hrsg.): Handbuch Selbstorganisiertes Lernen, Göttingen 1996.

Heyse V./Erpenbeck J.: Der Sprung über die Kompetenzbarriere, Bielefeld 1997.

Hitzges, A./Betzl, K./Brettreich-Teichmann, W./Koller, F./Ziegler, J.: Chancen und Risken von interaktiven Multimedia-Systemen in der betrieblichen Aus- und Weiterbildung, Institut für Arbeitswissenschaft und Organisation (Hrsg.), Stuttgart 1994

Issing, L./Strzebkowski, R.: Lehren und Lernen mit Multimedia, in: Medienpsychologie, Jg. 7, 1995.

Kailer, N.: Neue Lernformen in der betrieblichen Weiterbildung und bei Bildungsträgern, in: Grundlagen der Weiterbildung (GdWZ), 1994/5, S. 242 – 245.

Kailer, N.: Personalentwicklung und Weiterbildung in Österreich – Empirische Ergebnisse und Entwicklungstendenzen. In: Kailer, N. (Hrsg.): Personalentwicklung in Österreich. Wien 1995, S. 375 – 394.

Kliche, W.: Beratung bei Selbstlernformen im Betrieb, in: Kailer, N. (Hrsg.), Beratung bei Weiterbildung und Personalentwicklung, Wien 1994, S. 183 – 196.

Kramer, H./Mayer, K.: Multimedia: Was deutsche Unternehmen davon halten und damit anfangen, a.i.m. GmbH (Hrsg.), München 1992

Laur-Ernst, U.: Bildungstechnologien zwischen Beharren und Innovation. Positionen, Entwicklungen, Perspektiven. in: BWP 1993/6, S. 4ff.

Lipsmeier, A./Seidel, C.: Computerunterstütztes Lernen. Stuttgart 1989.

Lipsmeier, A.: Individualisierung von Lernprozessen im Kontext multimedialen Lernens in der beruflichen Aus- und Weiterbildung; in: Multimediales Lernen in neuen Qualifizierungsstrategien, Hrsg.: BIBB, BW Verlag und Software GmbH Nürnberg, 1993

Pedler, M./Burgoyne, J./Boydell, T.: The Learning Company, London u.a. 1991.

Petermandl, M.: Lernerberatung als integrierte Funktion von CBT-Programmen, in: Kailer, N. (Hrsg.): Beratung bei Weiterbildung und Personalentwicklung, Wien 1994, S. 163 – 182.

Petrovic, O./Vogel, D./Scheff, J./Kailer, N.: Technologies in Education and Training – Findings from the Field, in: Nunamaker, J./Sprague, R. (eds.), Information Systems – Collaboration Systems and Technology, Vol. II., Los Alamitos et al. 1997, pp. 673 – 682.

Pichler, J. H./Heinrich, G. B.: Einsatz neuer Lernmedien in Klein- und Mittelunternehmen, in: Kailer, N./Mugler, J. (Hrsg.), Entwicklung von Klein- und Mittelbetrieben, Wien (erscheint 1998).

Picot, A./Reichwald, R./Wigand, R.: Die grenzenlose Unternehmung, München und Syracuse 1996 (2.A.).

Pötke, R./Kamm, D.,; CBT im Schulunterricht? in: Brendel, H. (Hrsg.): Computer Based Training: Der PC in Ausbildung und Schule. IWT Verlag, Vaterstetten bei München 1990, S. 86ff.

Salomon, J./Kaden, V./Kirste, W./Laske, M./Mißbach, P.: Multimedia in der betrieblichen Weiterbildung, Reihe QUEM-Report, Heft 41, Berlin 1996.

Schneider, W.: Notwendige Infrastruktur und Lernumgebung für den Einsatz von interaktiven, computerunterstützten Methoden in der betrieblichen Ausbildung, in: ÖAF Symposium „Die Integration von interaktiven Medien im Aus- und Weiterbildungsbereich", Wien 1992.

Schönell, H.W.: Aspekte der Wirtschaftlichkeit von CBT; in: Brendel, H. (Hrsg.), Computer Based Training: Der PC in Ausbildung und Schulung, IWT Verlag, Vaterstetten bei München, 1990, S. 63ff.

Schweighofer, K.: Interaktives Lernen mit dem Computer aus pädagogischer Sicht. Linz 1992.

Stahmer, S.: Die Anwendung neuer Lerntechnologien in kanadischen und amerikanischen Betrieben, in: Multimediales Lernen in neuen Qualifizierungsstrategien, BIBB (Hrsg.), Berlin 1992, S. 43ff.

Tenbusch, B.: Einsatz von interaktiven Medien bei BMW, in: ÖAF-Symposiumsbericht „Der Einsatz von computerunterstütztem Unterricht im Aus- und Weiterbildungsbereich, Wien 1991.

Thum, M.: Telematik – Anwendung in der Aus- und Weiterbildung in Unternehmen und Erwachsenenbildungsinstitutionen, Institut für Bildungsforschung der Wirtschaft (Hrsg.), Wien 1995.

Twardy, M./Wilbers, K.: Computerunterstütztes Lernen in: Jahrbuch der Weiterbildung – Managementweiterbildung – Weiterbildungsmanagement, Düsseldorf 1996, S. 180 – 183.

Weber, W../Kabst, R.: Personalwesen im europäischen Vergleich - Ergebnisbericht 1995 - The Cranfield Project on international Strategic Human Resource Management, Universität GHS – Paderborn, Lehrstuhl für Betriebswirtschaftslehre (Hrsg.), Paderborn 1995.

Weiß, R.: Betriebliche Weiterbildung, Köln 1994.

Zimmer, G.: Neue Medien und ihre Auswirkung auf den Weiterbildungsmarkt, in: Kailer, N./Regner, H. (Hrsg.): Neue Wettbewerbsfaktoren in der Weiterbildung, Wien 1993, S. 57 – 84.

Zimmer, G.: Multimediales Lernen in neuen Qualifizierungsstrategien, Dokumentation des BIBB-Fachkongresses, BIBB (Hrsg.), Berlin 1992, S. 19ff.

Autoren:

Aho Marita, Confederation of Finnish Industry and Employers, Helsinki

Ali-Pasterny Soraya, Cambridge Training and Development Ltd., Cambridge

Beerbaum Doris, Sparkasse Donnersberg, Rockenhausen

Buhl Ole, Southern Denmark Business School, Sønderborg

Fredsted Elin, Southern Denmark Business School, Sønderborg

Ulrike Gravert-Jenny, Institut für Bildungsforschung der Wirtschaft, Wien

Norbert Kailer ist Professor am Institut für Arbeitswissenschaft der Ruhr-Universität Bochum mit den derzeitigen Arbeitsschwerpunkten Kompetenzentwicklung, Klein- und Mittelbetriebe, Unternehmensberatung, Know-how-Transfer und Personalmanagement.

Koch Sabine, Deutsche Sparkassenakademie, Bonn

Reglin Thomas, Berufliche Fortbildungszentren der Bayerischen Arbeitgeberverbände e.V., Nürnberg

Severing Eckart, Berufliche Fortbildungszentren der Bayerischen Arbeitgeberverbände e.V., Nürnberg

Monika Thum-Kraft, Institut für Bildungsforschung der Wirtschaft, Wien

Der dem Buch zugrundeliegende Endbericht
des Forschungsprojektes wurde von
Ulrike Gravert-Jenny, Norbert Kailer und Monika Thum-Kraft
verfaßt; die vorliegende Kurzversion von
Norbert Kailer.

Der EURO-Almanach
Gebrauchsanleitung zur Währungsumstellung für Unternehmen
DM 54,– / öS 394,– / sFr 49,–
472 Seiten / ISBN 3-85436-233-1

Von der Einführung des EURO ist jedes Unternehmen betroffen. Das Buch beschäftigt sich detailliert mit den Veränderungen in den Bereichen Rechnungswesen, Controlling, EDV, Beschaffung, ... Ein Muß für alle Unternehmen.

Bereits erschienen

Der Vertrag von Amsterdam – ein Vertrag für alle Bürger
Analysen und Kommentare
DM 48,– / öS 350,– / sFr 44,50
ca. 250 Seiten / ISBN 3-85436-256-0

Unter anderen nehmen Franz Fischler und Jacques Santer zum Vertrag von Amsterdam Stellung. Die großen Punkte des Vertrages sind: Beschäftigungspolitik und Bürgerrechte, Erhöhung der inneren Sicherheit in der EU, Effizienz der EU-Institutionen.

erscheint im Juni

Megatrends Europa
Globale Vernetzung und europäische Perspektiven
DM 48,– / öS 350,– / sFr 44,50
ca. 250 Seiten / ISBN 3-85436-257-9

Das Buch greift in den derzeitigen Diskurs um die Globalisierung ein und befaßt sich mit den Zukunftsszenarien in den Bereichen Bildung, Technologie; dem Erbe des Kommunismus, Rußland und China und den Konsequenzen der wirtschaftlichen Entwicklung in Europa.

erscheint im Herbst